本著作出版得到湖南农业大学经济学院"湖南省农林经济管理重点学科"、"湖南省农村发展研究基地"、"湖南省三农问题研究基地"，以及湖南省社会科学基金项目"粮食类家庭农场：制度结构与运行效率"（批准号：19JD34）和湖南省教育厅科学研究项目"家庭农场发展的理论与实践——以湖南省为例"（批准号：18K040）的资助，特此感谢！

湖南农业大学经济学院学术文库

家庭农场发展的理论与实证
——以湖南省为例

The Theoretical and Empirical Study of Family Farm Development
—Taking Hunan Province as an Example

李星星◎著

经济管理出版社
ECONOMY & MANAGEMENT PUBLISHING HOUSE

图书在版编目（CIP）数据

家庭农场发展的理论与实证——以湖南省为例/李星星著 . —北京：经济管理出版社，2020. 9

ISBN 978 - 7 - 5096 - 7467 - 3

Ⅰ. ①家…　Ⅱ. ①李…　Ⅲ. ①家庭农场—农场管理—研究—湖南　Ⅳ. ①F324. 1

中国版本图书馆 CIP 数据核字（2020）第 158366 号

组稿编辑：曹　靖
责任编辑：任爱清
责任印制：赵亚荣
责任校对：王纪慧

出版发行：经济管理出版社
　　　　　（北京市海淀区北蜂窝 8 号中雅大厦 A 座 11 层　100038）
网　　址：www. E - mp. com. cn
电　　话：（010）51915602
印　　刷：北京玺诚印务有限公司
经　　销：新华书店
开　　本：720mm×1000mm/16
印　　张：10. 5
字　　数：188 千字
版　　次：2020 年 9 月第 1 版　　2020 年 9 月第 1 次印刷
书　　号：ISBN 978 - 7 - 5096 - 7467 - 3
定　　价：78. 00 元

本书出版得到湖南农业大学经济学院"湖南省农林经济管理重点学科""湖南省农村发展研究基地""湖南省三农问题研究基地"以及湖南省社会科学基金项目"粮食类家庭农场：制度结构与运行效率"（批准号：19JD34）和湖南省教育厅科学研究项目"家庭农场发展的理论与实践——以湖南省为例"（批准号：18K040）的资助，特此感谢！

序

本书是李星星在其博士论文的基础上修改完成的一部学术著作。作者运用经济学相关理论，较为系统地研究了家庭农场的实践问题，是经济学研究方法与自然科学研究方法相结合的研究成果。

乘乡村振兴东风，迎新型农业之春。从长期来看，如果农业不能实现市场化、专业化和规模化生产经营，依旧以细碎化的小农经营模式为主，即使处于一个现代的市场与科技环境中，由于农业细碎化带来的巨大交易成本，农业也无法与现代市场和科学技术相结合，导致产出有限、效益低下，进而制约农业现代化的进程。为了适应形势发展，推进农业适度规模经营，近些年的中央一号文件连续提出，要积极培育家庭农场、专业大户等新型农业经营主体，发挥多种形式农业适度规模经营的引领作用。同时，家庭农场作为实施乡村振兴战略的重要载体，是解决农民收入问题的重要抓手。在此背景下，作者在大量调查的基础上，结合经济学相关理论，深入研究湖南省家庭农场实践问题，是一个非常有益和富有成果的探索，本书具有以下五方面的特色：

第一，以机会成本、跨期收入、城乡居民收入均衡为原则，界定了家庭农场低适度规模、中等适度规模、高度适度规模、超适度规模四种形态，测算湖南省14个市（州）四种适度规模形态的家庭农场经营面积。经测算，现阶段湖南省家庭农场的适度规模为100～200亩，以劳动密集型与资本密集型兼重的经营策略为宜。

第二，基于农户的视角，搜集了358份农户调查问卷，对农户发展家庭农场意愿进行描述性分析，并建立二元 Logistic 模型，实证分析农户发展家庭农场意愿的影响因素。研究表明，户主的年龄、文化程度、家庭的务农状态、年纯收入、土地流转难易程度、农业社会化服务水平、政策支持力度等因素对农户发展家庭农场的意愿有显著影响。

第三，湖南省家庭农场处于初级发展阶段，要想办好家庭农场离不开政策的支持，通过调查301户家庭农场，建立结构方程模型（SEM）。实证检验发现，政策扶持对提高家庭农场经营绩效有积极的影响，其驱动机制是通过改善家庭农场的经营环境和提高家庭农场主的企业家才能。

第四，在家庭农场实践过程中，各地比较重视示范性家庭农场的引领作用，本书构建了家庭农场综合评价指标体系，为评选各级示范性家庭农场提供工具。

第五，基于三大历史性契机（自 20 世纪 80 年代以来人口生育率的显著下降、每年超过 1% 的城镇化推进速度及其大规模的非农就业、国民收入上升而带来的食物消费结构转型）的考察，对湖南省发展家庭农场的条件进行分析，剖析了三大历史性契机是推动家庭农场发展的社会条件。

当然，书中的某些结论仍有待于进一步在实践中检验，同时也存在进一步深入研究的领域，期望各位读者和同仁多加指正。作为导师，我希望作者能继续保持心静如水、求真务实的学术态度，在相关领域再出新成果以奉献给读者，为我国农业经济理论与农业技术创新发展做出更大的贡献。

曾福生

2020 年 5 月于湖南长沙

目　录

第一章　绪论

第一节　研究背景

一、我国传统小农经营模式的困境

据史料记载，我国在秦汉至南北朝期间，农户经营规模为 50~60 亩，受当时农业技术条件所限，农户无力耕种再多的土地，农地经营规模与农户经营能力基本匹配，处于合理水平，人口与农地的关系并不紧张。隋唐以后，由于人口数量的增长超过了耕地面积增加的速度，并且随着农业生产技术的改进，人多地少的问题日益突出，人地关系逐渐紧张。明清时期，户均耕地面积进一步减少。到 1936 年，户均耕地只有 18.4 亩。新中国成立以后，随着人口增长和农业技术进步，人地关系变得愈加紧张，农户农地经营面积也变得更小。目前，中国农户户均耕地面积仅 7.5 亩，不到世界平均水平的一半。我国农业是典型的低于人地关系合理水平的小农农业。另外，由于我国实行均田制，土地地块零碎，户均 7~8 块，因此，在云南、湖南、广西等地，农户有十多块农地很常见，绝大多数地块面积不到一亩，土地经营规模小且细碎、分散。

在生产力低水平下，户均仅 7.5 亩的小农经营模式，明显低于合理的农业经营规模。由此造成大量劳动力的边际产出几乎为零，农业产出低效。不仅如此，小农经营模式不利于先进农业机械的应用和农业科技的推广，严重制约了农业生产效率的提高，缩小了农业生产收益空间。以种粮农户为例，每亩地的单季收益 200 元左右，按户均 7.5 亩计算，一年双季种植的收益也仅 3000 元左右。从收益上来看，在家种地一年不如外出打工一个月。我国小农经营模式陷入低水平发展困境，即小农农业属 "薄利农业"，甚至是 "无利农业"，不仅单位面积收益低，而且经营规模小，总收益也低。农业收益低反过来又限制了农业投入水平，降低了投入热情，从而导致农业技术应用缓慢，土地经营粗放甚至撂荒。小农经营模式产出低、效率低、收益低、投入低，这种低水平循环难以迈向农业现代化。

进入现代社会，农产品的商品化属性日益明显，小农生产的农产品除满足自家需求外，剩余部分还在市场上出售，不可避免地要受到国内和国际农产品市场的影响。尤其在我国加入世界贸易组织后，在农业全球化浪潮中，我国小农难以像在传统农业中一样能够"独善其身"，其生产、需求、价格、效益都深受国际市场的影响。近年来，国内粮价持续高于国际市场价格，小农模式的困境因国际市场压力愈加增大。"小农困境"就像一副镣铐，束缚着我国农业现代化前进的脚步。

二、家庭农场在各地蓬勃发展

从 20 世纪 80 年代开始，一些种田能手通过承包和流转土地，从事农业规模化、专业化生产，产生了家庭农场的雏形。自进入 21 世纪以来，上海松江、浙江宁波、吉林延边、安徽郎溪等地对培育家庭农场进行积极探索，取得了较好的成效。近几年，家庭农场在全国呈现燎原发展之势，表现出了较高的专业化和规模化水平。主要体现在以下三个方面：一是家庭农场已初具规模。根据农业农村部 2012 年（下同）全国家庭农场发展情况调查，全国 30 个省、区、直辖市（不含西藏自治区）的家庭农场数量达 87.7 万个，耕地经营面积 1.76 亿亩，占全国承包耕地面积的 13.4%。二是家庭农场的经营规模较大。全国家庭农场平均经营规模 200.2 亩，是全国户均经营面积 7.5 亩的 27 倍。其中，经营规模 50 亩以下的 48.42 万个，占总数的 55.2%；50～100 亩的有 18.98 万个，占 21.6%；100～500 亩的有 10.07 万个，占 19.5%；500～1000 亩的有 1.58 万个，占 1.8%；1000 亩以上的有 1.65 万个，占 1.9%。平均每个家庭农场的年经营收入为 18.47 万元，远远高于全国农户家庭年均收入水平。三是家庭农场以种养业为主。在全部家庭农场中，种植类家庭农场 40.95 万个，占总数的 46.7%；养殖类 39.93 万个，占 45.5%；种养结合类 5.26 万个，占 6%；其他类家庭农场 1.56 万个，占 1.8%。国内不少专家认为，照家庭农场目前的发展态势，未来几年将迎来井喷式发展。

三、党和政府对家庭农场发展的日益重视

为顺应家庭农场发展的需要，党和政府相继出台支持家庭农场发展的政策文件。2008 年中共十七届三中全会通过的《中共中央关于推进农村改革发展若干

重大问题的决定》指出："有条件的地方可以发展大户、家庭农场、农民专业合作社等规模经营主体。"2013 年中央一号文件《中共中央、国务院关于加快发展现代农业，进一步增强农村发展活力的若干意见》提出："继续增加农业补贴资金规模，新增补贴向主产区和优势产区集中，向专业大户、家庭农场、农民合作社等新型生产经营主体倾斜""坚持依法自愿有偿原则，引导农村土地承包经营权有序流转，鼓励和支持承包土地向专业大户、家庭农场、农民合作社流转，发展多种形式的适度规模经营""创造政策和法律环境，采取奖励补助等多种办法，扶持联户经营、专业大户、家庭农场""充分利用各类培训资源，加大专业大户、家庭农场经营者培训力度，提高他们的生产技能和经营管理水平。"2014 年中共十八届三中全会通过的《中共中央关于全面深化改革发展若干重大问题的决定》指出："鼓励承包经营权在公开市场上向专业大户、家庭农场、农民合作社、农业企业流转，发展多种形式规模经营。"2014 年中央一号文件《关于全面深化农村改革加快推进农业现代化的若干意见》指出："扶持发展新型农业经营主体。……按照自愿原则开展家庭农场登记。"农业农村部于 2014 年 2 月 24 日发布了《关于促进家庭农场发展的指导意见》，在文件中提出了具体要求。由上可见，党和政府日益重视家庭农场的发展。在中央政策的指引下，全国各省（直辖市、自治区）相继出台了扶持家庭农场发展的政策文件，并明确了具体扶持措施。

第二节　研究目的与意义

一、研究目的

随着家庭农场在全国遍地开花，家庭农场发展问题成为各界关注的焦点。可以预见，随着城镇化程度不断提高，土地流转的推动，扶持政策的完善与落实，家庭农场将会成为我国现代农业的主流经营模式。近几年，在政府有关部门的积极推动下，湖南省的家庭农场发展速度较快。同时，在发展过程中面临着一系列问题，亟须理论的支持与指导，学术界应该加强家庭农场问题的研究，为家庭农场的实践提供智力支持。本书主要运用理论与实证分析方法，对湖南省家庭农场展开大量的调查，在此基础上，论述湖南省家庭农场发展的理论与实践，研究目的：①阐述家庭农场发展的理论基础；②了解农户发展家庭农场的意愿，分析发展意愿的影响因素；③分析扶持政策对家庭农场经营绩效的影响及驱动路径；④构建家庭农场综合评价指标体系，为各地评选示范性家庭农场提供评价工具；⑤对家庭农场四种适度规模形态进行界定，以粮食生产类家庭农场为例，测算湖南省 14 个市（州）家庭农场适度规模的面积；⑥通过文献查询及调查研究，分析湖南省发展家庭农场的自然和社会条件、发展现状及面临的问题；⑦比较国内外家庭农场发展经验，提出湖南省家庭农场发展的对策。

二、研究意义

总体来说，湖南省家庭农场发展刚刚起步，尚处于探索式发展阶段，对政府有关部门以及家庭农场经营户而言，是一个新鲜事物，亟须理论的支持与指导。本书在湖南省家庭农场调查研究的基础上，进行系统而全面的研究，具有重要的理论意义及实践意义。具体体现在以下六个方面：

第一，在科学界家定家庭农场概念的基础上，论述规模经济、制度变迁、农村剩余劳动力转移等理论，为家庭农场发展提供理论支撑。

第二，以机会成本、跨期收入、城乡居民收入均衡等经济学理论作为参照点，提出家庭农场适度经营规模的四种形态，测算湖南省 14 个市（州）的家庭农场适度经营规模，提供测算不同类型家庭农场适度规模的思路与方法。

第三，对农户发展家庭农场的意愿开展调查，分析影响农户发展家庭农场意愿的因素，并以此为依据，面向农户的需求，政府来制定鼓励农户发展家庭农场的政策措施。

第四，建立示范性家庭农场，有利于为其他家庭农场提供典范，起到带头示范作用。本书采用德尔菲法（Delphi）和层次分析法（AHP）相结合的方式来确定家庭农场评价指标的权重，构建了家庭农场综合评价指标体系，为各地评选示范性家庭农场提供评价工具。

第五，探究政策扶持对家庭农场经营绩效的影响，分析政策扶持提高家庭农场经营绩效的驱动机制，为政府制定或进一步完善扶持政策提供依据。

第六，剖析湖南省家庭农场发展的自然和社会条件，并比较美国、法国、日本以及国内家庭农场发展比较成功地区的做法，提出湖南省家庭农场发展的对策，为政府部门制定促进家庭农场发展的政策提供决策参考。

第三节　文献综述

一、国外研究述评

发达国家家庭农场的发展已有两三百年的历史，国外学者对家庭农场、农业规模经营进行了长期的研究，产生了大量的思想观点。

法国重农学派的代表人物弗朗索瓦·魁奈（Francois Quesnay，1756），分析了法国农业经营情况，主张推广"大农经营"，认为大农业比小农业具有较大的优越性。与弗朗索瓦·魁奈观点相似，英国古典农业经济学家阿瑟·杨格（Arthur Yung，1770）提出大农经营胜于小农经营的理论，他最早开展对农业适度规模经营的研究，提出从事综合经营的农场最佳规模为土地 560 公顷（其中，耕地 348 公顷），牲畜 30 头，固定劳动者 46 人，临时工 9760 人，认为生产手段的合理配合是农业经营中的重要原则。马克思（Karl Heinrich Marx，1848）也赞同大规模的耕作比小块的分散的土地耕作优越的观点，他提出，农业中的小块土地所有制和小生产将会导致土地肥力递减，而且妨碍现代方法在农业中的广泛运用。小农经济规模狭小，具有传统隔离、分散和封闭的自然经济特征，在激烈的市场竞争中被资本主义大农场击败，最终为大规模的农场取代。

对于大农场与小农场孰优孰劣的问题，西斯蒙第、西奥多·W. 舒尔茨、威廉·罗雪尔、恰亚诺夫的观点偏向折衷主义，他们都认为要适度规模。西斯蒙第（Sismondi，1819）以经营土地面积多少作为划分"小农场"和"大农场"的衡量标准，同时也提到地理环境、气候条件、土壤性质、耕作手段、劳动投入、资本积累、土地轮作、多种经营、复种指数等诸多农业规模经营的影响因素。他有故意模糊两者之间的界限和性质差异之嫌，其真实用意无非认为大农和小农究竟哪一方更优越是因地而异，不能一概而论。西奥多·W. 舒尔茨（Theodore William Schultz，1964）立场很鲜明，他强调适度规模，反对建立大农场。威廉·罗雪尔（Wilhelm Roscher，1845）认为，农场规模大、中、小的概念是相对的。大农场经营的优势在于能促进分工、节约房屋和搬运工具等，并且便于大资本的投入；而小农场经营在人口稠密的情况下，通常可以在同一面积投下更多的劳动和资本。一般地说，大农场的纯收获量特别大，而小农场的总收获量特别大。当然，过小农场经营是绝对有害的。农场过小，产品价格必然高昂，因而显得极为落后。恰亚诺夫（A. Chayanov，1923）认为，在一定的生产力条件下，家庭农场的要素结合，客观上要求适度的生产规模。在人口过剩地区，家庭农场总是能够从手工业、商业等部门找到多余劳动力的出路。于是，农场常常增加单位土地面积上的劳动和资本，提高农业集约化程度，虽然也会增加农业总收入，但必定会降低单位劳动的报酬。

雷吉·K. N.（1986）在分析亚洲农村经济发展的经验时认为，尽管亚洲小规模经营仍然具有廉价家庭劳动力的优势，但由于现代化农业技术的应用，大大提高了大规模经营的产量，从而使早期负的规模生产率不复存在。促使大规模经营者使用机械，而不是大量雇用劳动力。同时会产生土地扩张效应，使增加经济作物的种植和在更加广泛的范围内使用劳动力扩大种植经济作物成为可能。亚洲国家农业的发展，面临在现代技术的推动下向规模经营方向发展的趋势。

在农地规模经营与土地面积的产量、农业生产率的关系上，贝利和克莱恩（1979）通过对巴西、哥伦比亚、菲律宾、巴基斯坦、印度、马来西亚六个国家的研究发现，农地规模经营与土地面积的单位产量之间呈负相关关系。美国经济学家罗伊·普罗斯特曼（Roy Prosterman，2003）认为，农业规模经营与农业生产率成反比，实行农业的规模经营会给农业带来严重危险，例如，农村社会会失去安定、造成巨大数目的农村剩余劳动力和环境恶化。在中国普遍推广农业规模经营，对农业生产能力的提高几乎没有任何帮助，相反可能会给农业带来一系列不利的后果。

二、国内研究述评

（一）家庭农场优势的研究述评

小农户、农业合作组织、农业企业、家庭农场等农业经营模式，它们适应于不同的农业发展阶段、禀赋条件、技术水平和战略目标。一些学者运用比较研究方法，通过比较家庭农场模式与其他农业经营模式，分析家庭农场的优势。由于我国传统的小农生产模式经营规模小、土地细碎化，导致大型农业机械和高新科学技术推广难，影响了土地有效使用，土地生产效率难以提高。相对而言，家庭农场因其生产经营规模较大，能产生规模经济效应，利于农业效率的全面提高（袁赛男，2013）。另外，在食品安全、生产过程监管等方面，显然比小农模式更具优势（汤文华等，2013）。陈纪平（2008）、曹东勃（2013）把家庭农场与农业企业进行比较分析。研究表明，家庭农场真心致力于农业，以农业收入谋生。

而不少农业企业则动辄圈地千亩以上不务农业，在于套取国家的农业补贴资金，或是等待土地的升值就地生财。此外，与农业企业相比，家庭农场更能节省交易费用，又避免了农业企业大规模流转土地带来的解放农村劳动力过多、企业运行风险波及农民、农作精细化程度不够等问题。至于农业合作组织，我国有相当数量的"合作社"发生了异化，这些"伪合作社"使用合作社名义，背离了组建合作社的优势，而是旨在对接政府的相关农业补贴支持政策而进行的"拉郎配"，这些临时组建的"合作社"，恰恰会挤压真正具有内生动力的合作组织的利益空间（张颖等，2010）。

通过研究家庭农场的运行效率或运行机制来反映其制度优势，是学界研究的主流方法。例如，蔡键（2014）运用数据包络方法剖析家庭农场的运行效率，结果表明，家庭农场运行效率高于小农家庭和雇工农场。林毅夫（2008）、赵佳（2015）等通过分析家庭农场的运行机制，证明家庭农场在降低监督成本、减少"搭便车"、实现劳动力的激励兼容等方面具有巨大优势，它能有效提高人地资源配置效率，提高土地产出率和劳动生产率，提升农业经营绩效。与上述方法相似，一些学者从家庭农场制度变迁的角度来分析其优势。从小农户制演变到家庭农场制的过程来看，它以婚姻和血缘为纽带，以继承关系为基础，经验传授彻底，无须成本，保留了家庭承包制中以家庭为基本经营单位的合理内核（朱晓强等，2006；李雅莉，2011）；它把现代农业要素融入传统意义上的农户家庭经营中，兼具集体农场的优点，在很大程度上能克服两者的缺陷（胡书东，1996；牛宝德，2004；张绪科，2013）。

（二）家庭农场发展动因的研究述评

关于家庭农场在我国产生及发展的动因，多数学者的研究是基于我国当前经济条件、社会结构变化的视角。黄宗智（2007）认为，中国农业正处于大规模非农就业、人口自然增长减慢和农业生产结构转型三大历史性变迁的交汇之中，家庭农场模式发展的动因源于这种历史性契机。许莹（2006）、王建华（2013）、张建雷（2014）的研究也表明，随着城市化的推进，当前大量的农业人口正在向非农产业转移。这种情况，必将为家庭农场的发展提供以下三点动因：一是由于农村劳动力非农就业的增加，减少了部分农民对土地的依赖性，农村中的土地流转市场开始发育，因此，这成为家庭农场产生的基本前提；二是大量滞留在农村的中老年劳动力，为家庭农场提供了充足的廉价农业雇工；三是由于城镇人口不断增多，农产品市场随之扩大，既会对农产品提出更高的需求，又能够扩充农产品的销路。家庭农场必然应运而生。

有些学者从家庭农场发展主体（农户或政府）的角度来阐释家庭农场发展的动因。在市场的引导下，农民的生产行为及经营方式受利润最大化的驱使，家庭农场经营模式的净收益远大于小农模式，农民必然有强烈的家庭农场发展意愿（岳正华，2013）。作为政府，扶持和推动家庭农场的发展是为了解决"未来谁来种地"这一难题，是借鉴国际经验教训，提高我国农产品市场竞争力的需要（孙中华，2013）。顾建洲（1994）、王农（2013）、魏琪嘉（2013）的研究发现，政府扶持家庭农场的发展，其战略意义可以加速农村分工分业发展，引导农民进入市场，促进农村产业结构的不断优化。其现实意义有四点：一是实现传统农业向现代农业过渡；二是培养职业农民；三是提高农民收入；四是促进农村和农业的环境保护。此外，家庭农场的发展，农村剩余劳动力能就近就业，对于解决留守儿童及空巢老人的社会问题，能够发挥重要作用。

从以上研究能够发现，农户为了获取农业利润最大化，产生家庭农场经营模式的需求，加上政府出于自身政治目的的推动，形成有机耦合的动力机制，共同驱动家庭农场的发展。本质上，家庭农场的产生与发展，是一种经济现象，有些学者试图运用经济学有关理论来解释。楼栋等（2013）运用交易费用理论进行分析，如果市场主体认为农业生产劳动与经营的交易费用都要高于分工收益，那么就会选择家庭农场模式。许庆（2011）运用规模报酬理论来解释，农业经营规模的扩大促进农民的农业增收，土地稀缺促使农民追求土地收益的最大化，获取规模经济效益是农户发展家庭农场的内生动力。高强（2013）基于市场参与理论，农户完全参与市场能够带来高回报，而非市场的农业生产行为难以提供生计保障，从而使农户保留非市场农业生产行为的基础逐步瓦解，向家庭农场演变的动力将逐渐加大。

此外，有些学者把我国家庭农场发展的动因，归结为家庭小规模承包经营方式的先天性缺陷。卢荣善（2006）、郭熙保（2013）等认为，我国现行的家庭小规模承包经营方式，虽然发挥过巨大的绩效，但却存在着自身无法克服的历史局限性。随着生产力的进步和社会发展，小农、半小农模式与高度市场化的非农产业竞争，显然要居于劣势。即使不考虑产业政策向非农产业倾斜等因素，农业生产的徘徊不前乃至衰退也不可避免，这种局限性是导致农业劳动生产率和农民收入低下的根源。

（三）家庭农场发展模式的研究述评

目前学界研究的发展模式主要有"家庭农场＋合作社""公司＋家庭农场""龙头企业＋合作社＋家庭农场"模式。肖赋（2013）、伍开群（2013）、曹林奎

（2013）主张推广"家庭农场＋合作社"模式，家庭农场以合作组织为依托，可以利用合作社降低农业生产资料市场和农产品销售市场的交易成本。何秀荣（2009）、张乐柱等（2012）、蔡海龙（2013）通过对山东、广东、安徽、四川等地的家庭农场实践发现，如果把家庭农场的发展与农业龙头企业相结合，使农产品交易内部化，"公司＋家庭农场"的合作剩余将会增加，家庭农场在利益分配博弈中的地位也能得到提高。这种"利益共享，风险共担"的利益机制，通过以"产供销一条龙"的方式来带动家庭农场的发展。孙正东（2015）基于安徽双福粮油公司的调研数据，借助最小成本模型和线性加权函数法，计算"龙头企业＋合作社＋家庭农场"联合体运营效益。在这种模式中，不同类型的农业经营主体，以"农工贸一体化"的形式有机结合起来，能够优化要素配置，摊薄生产成本，增强市场竞争力，实现了经济、社会和生态效益的均衡。张红宇（2014）认为，以上几种模式各有优势，在实践过程中切忌盲目"拉郎配"，既要有利于降低家庭农场的经营成本、控制风险，又能发挥农民的积极性，提高劳动生产率，各种模式都可以应用。

（四）家庭农场适度规模的研究述评

家庭农场适度规模是指在一定的自然和技术条件下，可能取得的最佳经济效益的规模。关于我国家庭农场适度规模的确定，学界主要从宏观、中观、微观三个层面来考察。在宏观层面，技术条件、国家总人口与总耕地面积之比决定我国家庭农场的平均大小（赵冈，1994）；我国的自然禀赋、生产传统、社会化服务获得等因素共同决定其适度规模的大小（王春来，2014）。在中观层面，家庭农场经营规模要根据当地的农业资源条件、本区域劳动力充分就业情况而定（薛亮，2015）。在微观层面，决定家庭农场规模的因素，是各家庭农场劳动力（主要是家庭劳动力成员）的数量和质量、劳动工具、劳动对象、农场主的经营管理能力（汪亚雄，1997）。

有些学者通过分析影响家庭农场适度规模的因素，试图简化成数学公式来确定。王刚（1984）采用"逼近式"的方法计算，计算公式是：$G = AM$（G表示家庭农场的土地面积，A表示劳动力的数量，M表示每个劳动力的有效管理面积）。马跃（1997）认为最低规模的土地数量的计算公式是：SL（亩/劳）≥非农劳动力年均收入/每亩农田年净收入。钱克明（2014）从家庭农场边际效益递增递减规律测算出家庭农场适度规模的理论边界值，家庭农场适度规模的最小值 =（村里总耕地面积/留守在村里务农的劳动力数量）×该户务农劳动力数量。

确定家庭农场的适度规模，由于数据资料的收集难度较大，难以运用计量模型进行回归分析。此外，我国各地由于气候、土地资源禀赋、经济发展程度等差异，家庭农场适度的规模相去甚远。因此，各地应因地制宜，根据当地条件选择家庭农场的规模大小。陈锡文（2013）、范传棋（2013）、高万芹（2015）认为，从目前我国来看，应当发展小规模的家庭农场，这是由我国人多地少的国情决定的。发展大规模的家庭农场容易加剧农村的贫富分化、影响土地流转合同的稳定，而且规模过大会出现二次转包土地的情形。

（五）家庭农场发展对策的研究述评

学界通过研究美国、日本、法国等国的家庭农场发展经验，结合我国的国情，来寻求我国家庭农场发展的对策，主要集中在以下三个方面：

第一，政策保障（潘义勇，1997；董亚珍，2009；杜志雄，2014；何劲，2014；吕惠明，2015）。一是加快农地产权制度改革。实行农地所有权、使用权和承包权三权分离，农户对农地的使用权，可以延长到 50 年不变。完善土地流转的相关法律体系，规范土地流转。通过确权、颁证的形式对农民土地的使用权进行界定，建立土地流转的长效机制，激发农民发展家庭农场的积极性。二是改革户口制度。取消城乡户口隔离制度，促进有能力在城镇稳定就业和生活的农村人口有序实现市民化，转移农村剩余劳动力，从而释放农地空间。三是深化农村社会保障改革。尽快制定配套完备的法律法规，减轻农民土地流转的后顾之忧，强化农村社会保障的法制性。四是制定提高农业补贴的政策。家庭农场承担的自然和市场风险相对较高，政府要制定加大补贴力度的政策，减轻家庭农场负担。

第二，金融支持（严谷军，2008；张文雄，2013；江维国，2014；吴婷婷，2014；兰勇，2015；赵伟峰等，2015）。一方面，深化农村金融改革。逐步建立和完善农村贷款担保制度，政府引导金融机构积极开发面向家庭农场的金融产品，例如，可保供应链金融、保单质押贷款、土地仓储金融等。另一方面，加快农业保险的法制建设。农业保险制度能够为家庭农场的发展保驾护航，世界上很多国家用法律制度来为农户增强抵御农业自然风险的能力。而我国的农业保险立法进程缓慢，农业保险的法律保障体系薄弱，成为制约我国家庭农场发展的主要因素之一。

第三，服务推动（刘向华，2013；朱启臻，2014；杨建利等，2014；何劲等，2014；林雪梅，2014；肖卫东，2015；赵鲲，2015；朴晓，2015）。主要包括农资服务、科技服务、人才服务和信息服务。培育土地流转中介服务组织，以农经信息网为依托建立土地流转信息库，及时发布可以流转土地的数量、价格、地理位置等信息。政府有关部门要加强家庭农场与农业产业化经营规划相衔接，引导家庭农场开发当地资源优势强、经济效益好、市场前景广阔的经营产品，逐步形成产业特色和品牌优势。政府要提供农业专业技术人员与家庭农场的对接服务，协助成立家庭农场协会，增进家庭农场间的学习交流，培育现代家庭农场主。

三、对本书的启示

国外关于家庭农场的研究，集中于大农场与小农场的争论。对此问题众说纷纭，看法不一样，但共识多于分歧，例如，强调要根据本国的农业资源禀赋，发展适度规模的家庭农场。美国、加拿大、澳大利亚这些国家，地多人少，应发展大型家庭农场；以色列、法国等欧盟国家应以发展中型家庭农场为主；而日本、荷兰、中国台湾地区，土地资源有限，应该以小型家庭农场为主。他们的研究理论经过多年的实践检验，对家庭农场研究的方法和视角具有可供借鉴的地方，对于指导我国家庭农场的研究和实践具有重要的意义。但各国和地区情况不同，我国发展家庭农场不可能完全照搬国外的做法，可以吸收家庭农场发展共性的做法，立足本国的国情而运用。对国内文献的梳理发现，由于各地发展很不平衡，加之其本身的复杂性，已有研究还存在一些不足，值得进一步探索。主要体现在以下三个方面：

第一，家庭农场具有独特的优势，大多数学者对此产生共识。但事物都具有两面性，学界在津津乐道于我国发展家庭农场的优势时，是否忽略或掩饰了其不利的一面。目前只有极少数学者对此表示关注，例如，许庆（2011）的研究表明，如果政府为了提高农民收入，推行家庭农场经营模式是有效的；但是，如果为了保障粮食安全，提高粮食产量的话，推进家庭农场经营模式可能会适得其反。由此看来，在研究家庭农场模式优势一面的同时，分析其可能产生不利后果的另一面，有助于我们更加全面地认识家庭农场这种新型的农业经营模式。

第二，我国家庭农场发展的动因，多数学者的研究是基于社会和经济结构变化的宏观层面，而较少从农户的微观层面展开分析，且研究侧重于政府的角度。当然，处于起步发展阶段，政府扶持和推动起重要作用，但农户或农民本身作为"理性经济人"，其发展家庭农场的主观能动性不可忽视。因此，综合运用博弈论、心理学等学科理论，从微观的农户角度来分析发展家庭农场的动因，将更加直接地发现当前发展家庭农场的瓶颈，也有利于提高扶持政策措施的针对性。

第三，我国如何解决家庭农场的发展出路，学者的研究较少结合相关的经济学、组织行为学等理论，缺乏系统化的理论支撑，显得碎片化和重点环节不突出。对于我国家庭农场发展的前景，大多数学者持乐观态度，而关于家庭农场运行风险及风险控制的问题，仅少数学者有所重视。例如，朱晓强（2006）、孙捷（2014）从自然、经济、社会三个角度分析了家庭农场运作风险。陈锡文（2013）认为，要坚持农地农有，防止大规模土地兼并，借土地流转之际强占农民土地，在违背农民意愿的情况下盲目推进大型农场建设。曹东勃（2013）提出，在家庭农场的实践中，需防范政策执行过程中的扭曲与漏损。加强家庭农场运行风险问题的研究，有助于在家庭农场实践探索中做到未雨绸缪，防患于未然。此外，目前的研究对象主要集中在苏南、浙江、上海等经济发达地区和黑龙江、内蒙古等农地资源丰富的地区。关于中西部地区，尤其是山区、丘陵地区，对这些地区发展家庭农场的出路问题值得论证。

有鉴于此，本书在现有研究的基础上，立足于湖南省的家庭农场调查，进一步拓展研究领域，运用相关的经济学理论和方法，从测算家庭农场的适度规模，厘清扶持政策对家庭农场经营绩效影响的机理，探析影响农户发展家庭农场意愿的因素等方面，为解决家庭农场发展提供科学翔实的实证依据，为促进我国家庭农场的健康发展提供政策建议。

第四节　研究思路与方法

一、研究思路

本书以湖南省家庭农场发展的理论与实践为研究对象，以什么是家庭农场、为什么要发展家庭农场、怎样发展家庭农场三个问题为研究思路，首先，对家庭农场的含义与特征，家庭农场与其他新型农业经营主体的关系，家庭农场产生的渊源进行分析，并论述家庭农场发展的理论基础，以此回答什么是家庭农场。其次，运用理论分析与实证分析相结合的方法，测算湖南省家庭农场的适度规模，分析湖南省农户发展家庭农场的意愿及影响因素，验证政策扶持对提高家庭农场经营绩效的影响及驱动机制，构建家庭农场综合评价指标体系，把湖南省为什么要发展家庭农场这一问题内嵌于这些研究内容中。再次，对湖南省家庭农场实践情况展开研究，主要从湖南省家庭农场的发展条件、发展现状与面临的问题三个方面进行分析。最后，在借鉴国内外家庭农场发展经验的基础上，提出湖南省家庭农场发展的对策，回答了怎么发展家庭农场这一问题。

二、研究方法

（一）文献研究法

广泛查询国内外关于家庭农场、农业规模经营、现代农业等文献资料，并进行归纳、比较、综合、概括，吸收前人的研究成果，为本书提供理论与研究方法借鉴。

（二）调查研究法

深入湖南省 14 个市（州），通过实地考察、访谈、填写问卷等方式，对湖南省家庭农场发展情况进行深入调查，收集一手资料，为本书提供事实依据。

（三）规范分析法

本书以"效率优先、兼顾公平"为原则，提出家庭农场适度规模的四种形态，以粮食生产类家庭农场为例，测算湖南省家庭农场 14 个市（州）的适度规模。

（四）实证分析法

运用二元 Logit 模型，分析农户家庭农场发展意愿的影响因素；运用结构方程模型（SEM）分析政策扶持对家庭农场经营绩效的影响及驱动机制。

（五）对比分析法

国外家庭农场发展历史已久，本书对美国、法国、日本三个国家的家庭农场发展经验进行对比，找出发展成功的共性以及各自的特点。上海松江、浙江宁波、安徽郎溪作为国内家庭农场发展较好的地区，通过对三个地区的做法进行对比，为湖南省家庭农场发展提供经验借鉴。

第五节 创新之处与不足之处

一、创新之处

目前湖南省家庭农场发展刚刚起步，对此方面研究并不多见，本书的创新之处主要表现以下五个方面：第一，率先从理论上对湖南省家庭农场发展问题进行研究，为湖南省及我国其他地区发展家庭农场提供理论参考；第二，设计家庭农场综合评价指标体系，为评选省级、市级、县（区）级示范性家庭农场提供评价工具；第三，测算湖南省 14 个市（州）粮食生产类家庭农场的适度经营规模，运用此测算方法，同样可以测算其他类型家庭农场的适度经营规模；第四，验证了政策扶持对提高家庭农场经营的影响及驱动机制；第五，从人口数量下降、城市化进程加快、食物消费结构转型三大方面分析湖南省家庭农场发展面临的历史契机，以此论证湖南省具备家庭农场发展的社会条件。

二、不足之处

不足之处主要表现在以下四个方面：第一，对家庭农场问题的相关理论梳理还不够细致，理论论述欠全面；第二，湖南省家庭农场发展时间不长，难以收集时间序列数据，在分析政策扶持与家庭农场经营绩效的关系问题时，研究结论的准确性有待提高；第三，由于时间与经费所限，本书搜集的样本数有限，分析的结论可能难具普适性；第四，湖南省很多市（县）缺乏家庭农场发展情况的官方统计数据，造成信息不全，本书部分研究基于少数地区公布的数据，难以保证足够的信度。

第二章 家庭农场概述与理论基础

第一节 家庭农场的含义及特征

　　西方国家的家庭农场已有200多年的发展历史，由于各国国情不同，因此，对家庭农场的界定存在一定的区别。按照美国农业部（United States Department of Agriculture，USDA）的定义，家庭农场应该满足以下五个条件：一是生产一定数量用于出售的产品；二是有足够的收入（包括非农收入）来支付家庭和农场的运营、支付债务、保持所有物；三是农场主自行管理农场；四是由农场主及其家庭成员提供足够的劳动力；五是可以在农忙时雇用季节工，也可以雇用少量的长期工。日本没有关于家庭农场的严格规定，大致界定为农业经营体是直接或接受委托从事农业生产与服务，且经营面积或金额达到一定规模的农业经济组织。按照组织属性，农业经营体分为"家庭经营体"和"组织经营体（法人）"，其中，"家庭经营体"的概念与我们所讲的家庭农场比较接近。俄罗斯在《家庭农场法》中规定：家庭农场是享有法人权利的独立生产经营主体，它可由农民个人及家庭成员组成，并在利用终身占有、继承的土地和资产的基础上进行农业生产、加工和销售。

　　对于中国语境中的家庭农场，我国学者大致把它介于个体农户和农业企业两者之间的中间型经营组织方式，只是定义的侧重点有所不同。例如，蓝益江将家庭农场定义为农场的经营者及其家庭是农场的所有者和投资者，并主要依靠自己或家人的力量从事农业生产的单位。顾建洲认为，家庭农场是具有一定适度规模，以国内外市场为导向，以大量地进行商品生产为目标，以充分发挥家庭的主观能动性和创造性为手段，使家庭经营的集约化程度和经济效益不断提高，最终成为农村市场经济中一个具有竞争能力的经济实体。梁丽认为，家庭农场是指长期在农村居住并从事农业生产经营活动的住户，是农业中的经济人，它以市场需求为导向，以商品化、专业化、社会化生产为主要内容，以适度规模的土地为载体，实行企业化管理。肖斌认为，现阶段发展的中国特色社会主义家庭农场，应该是指在坚持土地集体所有制的前提下，以家庭成员为主要劳动力，通过土地、资金及技术等全生产要素流动的适度集中和倾斜，实现农业规模化、集约化和商品化的新型农业经营形式。我国农业农村部将家庭农场定义为以家庭成员为主要劳动力，从事农业规模化、集约化、商品化生产经营，并以农业为主要收入来源的新型农业经营主体。总体而言，尽管学界对家庭农场的界定有所区别，但其内涵至少包括以下三个基本特征：一是以家庭为基本生产经营单位；二是以农业为主业；三是以适度规模为基础。

一、以家庭为基本生产经营单位

家庭农场的经营主体以家庭为单位，在要素投入、生产作业、产品销售、成本核算、收益分配等环节上，以家庭为基本核算单位。生产经营劳动者与收益剩余获取者高度一致，充分发挥了家庭经营产权清晰、目标一致、决策迅速、监督成本低等诸多优势。区别于国有农场、合作社、农业企业等其他农业经营主体，家庭农场显著特征是以家庭成员为主要劳动力。家庭成员劳动力不仅可以是户籍意义上的家庭成员，也可以是血缘关系的大家庭成员。当然，家庭农场也可以雇工，但主要是农忙时的季节性或临时性雇工，一般不常年雇用外来劳动力。

二、以农业为主业

家庭成员的主要职业是农业，工作场所在农场，主要收入来源于农业。农业是家庭成员"体面的职业"，从事农业同样获得"体面的收入"，能够过上"体面的生活"。家庭农场主要经营一种或两种农产品，以市场为导向，依据社会需求调整种植、养殖结构，开展专业化农业生产，实行生产作业专业化。当然，部分生产环节，如耕种、田间管理、防疫、运输、储藏、营销等，可以交由农业社会化服务的中介组织或企业承担。家庭农场提供商品性农产品，以农业经营为主要收入来源，这是区别以非农收入为主的兼业农户的典型特征。

三、以适度规模为基础

家庭农场既然称为"农场"，必须以一定的规模为基本要求，这是区别传统小农的重要标志之一。家庭农场的适度规模，主要体现在两个方面：一是家庭农场的土地规模要与家庭劳动力的数量和质量相匹配，使家庭劳动力既能充分发挥各自的劳动潜能，又能避免低效利用；二是能取得相对体面的收入，即家庭农场劳动力成员的平均收入，就目前来说，至少能略高于城市劳动力的平均收入水平。当然，规模适度因家庭农场的类型不同而有所差异，并且随着农业生产力的提高以及基础设施的改善，家庭农场经营规模的适度随之进行调整。

第二节　家庭农场与其他农业经营主体的比较

一、与传统小农户的比较

俗语道："寒露时节人人忙，种麦、摘花、打豆场。上午忙麦茬，下午摘棉花，采了蚕桑又插田。"这段话描绘了传统小农户农忙时节，在自家的"一亩三分地"里，老少妇孺、全家齐上阵劳作的生动场景。我国传统小农户的基本特点是小而全，自给自足或半自给自足。它是一种既种粮，又养禽畜的兼业型经营。采用兼业型经营既能规避风险，又可以增加收益，生产耕作依靠自家劳动力，在农村青壮劳动力大量进城务工的新形势下，主要以老年和妇女劳动为主。

家庭农场与传统小农户的区别主要体现在三个方面：第一，传统小农户的"小"，体现为农业土地面积小。我国人均耕地面积仅为 1.4 亩，户均土地经营面积 7.5 亩。农户家庭的农业生产规模小，农业收入低，机械化水平不高，农业生产技术较落后，剩余的农产品出售依靠传统市场和模式。而家庭农场必然达到一定的规模，根据我国家庭农场试点情况来看，南方家庭农场土地面积应在 50 亩（一年两熟制地区）以上，北方要在 100 亩（一年一熟制地区）以上。只有家庭农场具备了一定的规模，才能整合现代农业生产要素，进行标准化、商品化、市场化生产经营。第二，传统小农户主要为了家庭而生产，实现自给自足或半自给自足。而家庭农场作为一个以盈利为根本目的的经济组织，主要是为了市场需要而生产。种植什么、种植多少、怎样种植，要依市场而定，生产经营要面向消费者、面向市场。第三，传统小农户根据传统农业技术经验进行春耕、秋收、冬藏，比较容易耕作好自家的"一亩三分地"，一般不用考虑扩大规模、拓展市场等问题，基本不用担心市场风险。而由于家庭农场农业生产的规模化，要求增强抗御市场与自然双重风险的能力，就必须采取企业化经营管理方式。家庭农场主通过先进的经营技巧与管理方法，在复杂多变的市场环境中科学合理地配置资源，高效地组织生产。

家庭农场的经营单位仍然是家庭，家庭农场主仍是劳动者、经营者、所有者的统一体。我国家庭农场是在传统家庭承包经营的基础上发展起来的，既保留了家庭承包经营的传统优势，同时又吸纳了现代农业的要素。可以说，家庭农场是对传统小农户的继承与发展，是进一步完善家庭承包制度的有效途径。

二、与农业企业的比较

农业企业是指从事农、林、牧、副、渔业等生产经营活动，具有较高的商品率，实行自主经营、独立经济核算，具有法人资格的营利性经济组织。

两者的区别主要有三个方面：第一，农业企业的生产规模比家庭农场要大得多，生产经营成本比较高，采用先进的农业生产技术，机械化水平非常高，农产品销售以直接销售为主。而家庭农场生产规模适中，农产品销售主要依托合作组织。第二，两者的生产要素投入存在差异。在资本要素上，农业企业主要靠外投资本，一般通过银行贷款获取资本。而家庭农场主要依靠自有资本与外投资本相结合。在缺乏有效抵押物而难以获得银行贷款的情况下，则主要依靠自有资本。在劳动力要素上，农业企业主要通过雇用劳动力。而家庭农场以家庭自有劳动力为主，依靠家庭成员劳动力基本能够完成农业生产经营管理。当然，根据需要，在农忙时也雇用季节性或临时短工。从经营者的劳动性质来看，农业企业的经营者以管理性劳动为主，更多地表现企业家的才能。而家庭农场经营者（家庭农场主）是以管理性劳动与生产性劳动相结合，两者的比例要根据家庭农场的类型以及经营规模的不同而变化。第三，两者的组织形式不同。农业企业是以契约和制度为基础形成的组织，有相关的科层制度，内部有明确的层级关系，有具体的分工。而家庭农场是一种家庭组织，以血缘、婚姻为纽带组成的较为稳定的组织。家庭成员目标高度一致，加上家庭亲情使家庭成员之间存在利他主义倾向，几乎不存在由委托—代理引起的监督问题。

家庭农场与农业企业的共性是都需要进行工商注册，以盈利为目的，面向市场、采用先进农业生产技术，按照企业化制度运行经营。农业企业作为工商资本涉足农业的形式，不宜大规模且长时间地直接参与农业特别是粮食生产经营。否则农业企业凭借自身雄厚的资本实力，与弱小的家庭农场及传统小农户争夺农地的生产经营权，侵占农民的利益。但这并不意味着农业企业在农业中无法有所作为，农业企业可以凭借其强大的资本优势，进入家庭农场难以承担的设施农业、规模化养殖、"四荒"资源（荒山、荒沟、荒丘、荒滩）开发等。更适合从事农产品深加工和销售等产业链的上游领域，为家庭农场提供产前、产中、产后的社会化服务，以充分发挥农业企业对家庭农场的带动和服务效应。可以说，农业企业是家庭农场的重要补充。

三、与农民专业合作社的比较

农民专业合作社是指在农村家庭承包经营基础上，同类农产品的生产经营者或同类农业生产经营服务的提供者、利用者，组建成自愿联合、民主管理的互助性经济组织。它以社员为主要服务对象，提供农业生产资料的购买，农产品的销售、加工、运输、贮藏以及与农业生产经营有关的技术、信息等服务。农民专业合作社的作用在于增强农户的市场经营能力，在一定程度上保护农民的利益。

家庭农场与农民专业合作社的区别主要有以下四点：一是目的不同。农户创办家庭农场的目的在于追求利润，而农民专业合作社不以盈利为目的，以为合作社社员提供农业社会化服务为宗旨。二是法人类型不同。家庭农场是独资市场主体，农民专业合作社是合作性质的市场主体。三是决策机制不同。家庭农场的经营决策由家庭农场主或家庭成员做主，而合作社实行民主管理，一般采用"一人一票"的民主决策方式。当然，交易量（额）或出资额较大的社员可以按照章程规定，享有附加表决权。四是利益分配不同。家庭农场自负盈亏，盈利收入由农户家庭支配。合作社的盈利是在弥补亏损，提取公积金、公益金、风险发展基金后，作为合作社的可分配盈余。一般而言，可分配盈余的 60% 要按照交易量（额）返还给社员，以交易量（额）进行分配。

尽管家庭农场拥有一定的经营规模，但规模并未达到能够将所需社会服务内部化的程度，需要市场提供各种社会化服务，来提高生产效率。农民专业合作社作为农业社会化服务体系的重要主体，可以为家庭农场提供农业生产技术、信息、农产品供销、生产资料供应等全方位的社会化服务，有助于家庭农场增强市场风险及自然风险的防范能力。"家庭农场 + 农民专业合作社"这种模式，在坚持家庭经营的基础上，实现了规模化种植养殖、标准化生产、产业化经营，是双层经营体制"统分结合"的创新。

第三节　我国家庭农场产生的渊源

新中国成立后，在全国范围内进行土地改革，其基本目标是推翻封建土地所有制，建立土地归农民所有的新的土地制度，实现几千年来中国农民"耕者有其田"的梦想。到 1952 年，除西藏、新疆、台湾等少数地区以外，全国基本完成了土地改革，农民分得了土地，极大地解放了农业生产力，我国农村的经济开始得以发展和恢复。

然而，"均田制"导致土地过于细碎化，农业规模化生产及农业现代化难以进行。于是，我国开始了农业合作化道路的探索。从最初的初级农业合作社，经过高级农业合作社，到最后的人民公社。其基本特征是生产资料归集体所有，共同劳动；劳动力、土地、化肥、农具和耕畜统一调拨，劳动分配采取"统一计分论酬"的方式。这种制度用当时流传的顺口溜来形容就是"干多干少，不问不管；干好干坏，等量齐观；纵容落后，培养懒汉"。这种产权模糊、平均主义的农业制度，导致了农民劳动积极性不高，生产效率低下。因此，在这一时期，我国农业生产发展缓慢，农产品供求关系非常紧张。

1980 年，我国开始建立家庭联产承包责任制，这是继土地改革、集体化运动后的又一大土地制度变迁。家庭联产承包责任制的实行，取消了人民公社，没有走土地私有化的道路，而是在坚持土地集体所有制的前提下，实行家庭联产承包、统分结合的双层经营模式。这种模式既发挥了集体统一经营的优越性，又调动了农民生产的积极性，解决了土地集体经营产生的监督和激励无效等外部性问题。在家庭联产承包责任制建立后，其巨大的制度优势和潜力被充分发挥，使农民从集体化的大锅饭中解放出来，释放出久被束缚的能量，极大地推动了生产力的发展。1984 年，粮食产量历史性地突破了 8000 亿斤，实现了粮食自给自足，人们的温饱问题基本得到了解决。

家庭联产承包责任制改革对农业生产的影响是一次性的突发效应，到 1984 年全国范围内都实行家庭联产承包责任制以后，这种制度变迁的冲击已经释放完毕。自 1984 年以后，中国农业生产增长速度开始明显放慢，制度变革带来的好处已经不存在，农民生产积极性带来的好处是一次性的。总体而言，作为特定历史阶段的一项制度创新，农村家庭联产承包责任制极具活力，它极大地调动了农民生产积极性，发展了生产力，使农民广泛受益。

随着生产力的发展，家庭联产承包责任制在带来丰硕成果的同时，也出现了农村土地过于零散化、细碎化的问题，既不利于农业规模化经营和大型农业机械耕作，也不利于先进的农业技术推广，严重阻碍了农业生产效率和农业经济效益的进一步提高，导致了农户的收入低下，农民种田积极性下降，全国各地大量耕地被抛荒、撂荒。据 2012 年统计，我国每年弃耕抛荒的面积达 3000 万亩，造成了宝贵的土地资源极大浪费。另外，随着我国工业化进程的推进，大量的农民从土地中脱离出来，从事第二、第三产业。随着农民向城市转移，承包的土地无力经营，部分会技术、懂管理的种田能手希望获得更多的土地耕种，从事农业规模化生产，提高农业经济效益。于是，在一些地方，特别是第二、第三产业较发达的地区，出现了土地经营权转让、出租、转包等不同形式的流转，家庭农场在此背景下应运而生。

第四节　家庭农场发展的理论基础

一、规模经济与规模报酬理论

规模经济理论是古典微观经济学的基本概念。其含义是在一特定时期内，当企业产品绝对量增加时，其单位成本下降，即扩大经营规模可以降低平均成本，从而提高利润水平。规模经济产生的原因体现在五个方面：一是专业化。分工可以提高效率，规模越大的企业，其分工必然越详细。二是学习效应。随着产量的增加，工人技术熟练程度也增加，效率随之提高。三是可以有效地承担研发费用。四是运输、采购原材料等方面存在经济性。五是价格谈判上的强势地位。

规模经济研究的理论基础是规模报酬法则。根据规模报酬法则，在经济活动中，因投入要素的规模不同导致在报酬上有差异，而且带有规模性。假定在农业生产过程中，投入要素主要有资本（K）、劳动力（L）和土地（H）三种，其生产函数可以写成：$Q = f(K, L, H)$，则规模报酬的三种情况可以表达为：

如果 $f(nK, nL, nH) > nQ$，常数 $n > 0$，则生产函数 $Q = f(K, L, H)$ 具有规模报酬递增的性质。即在投入要素规模较小时，报酬增加的幅度大于要素投入规模增加的幅度，规模收益递增。

如果 $f(nK, nL, nH) < nQ$，常数 $n > 0$，则生产函数 $Q = f(K, L, H)$ 具有规模报酬递减的性质。即报酬的增加幅度小于要素投入规模增加的幅度，规模收益递减。这表示要素投入规模逐步增大后，继续加大投入会产生相反的结果。

如果 $f(nK, nL, nH) = nQ$，常数 $n > 0$，则生产函数 $Q = f(K, L, H)$ 具有规模报酬不变的性质。即在规模收益递增和规模收益递减两者之间还有一个报酬不变的状态。

当规模收益递增时，称作规模经济；当规模收益递减时，称作规模不经济。

规模经济理论研究企业的生产规模对成本和利润的影响，必然和产品的销售收入、总成本费用、利润等有关。根据规模收益变动的情况及产量、成本、利润之间的关系，绘制规模效果曲线图（见图 2-1）。

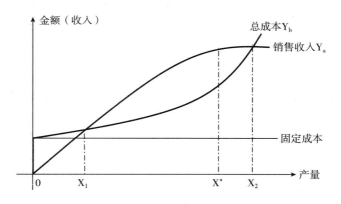

图 2-1 规模效果曲线

从图 2-1 中可以看出，X_1 点是最小规模临界点，如果在 X_1 点之前生产，由于生产量太小，单位成本太高，企业必定处于亏损状态；当规模（产量）达到 X_1 点时，企业不盈不亏；当规模超过 X_1 点时，企业开始取得净收益；当规模（产量）继续扩大，达到 X_2 点时，企业又出现不盈不亏的状态；当超过 X_2 点时，企业开始亏损。

在 X_1 点至 X^* 点之间，企业的规模收益一直是递增的，即收益的增加幅度大于规模（产量）的增加幅度，过了 X^* 点，企业的规模收益递减，即收益的增加幅度小于规模的增加幅度，甚至规模扩大使边际收益为负值。因此，在 X_1 点至 X^* 点是规模经济区间。

运用规模经济理论，为农业经营保持适度规模提供了依据，在图 2-1 中，X_1 点至 X^* 点是规模经济区，在这个区域内，X^* 点不仅是规模经济的临界点，也是最佳经济规模点。从理论上来讲，应以 X^* 点作为家庭农场的经营规模。但在实践中，往往受很多因素的制约，很难达到这个规模。在选择家庭农场规模时，首先，应确定规模经济区；其次，在这个区间内，根据制约和决定生产规模的诸多因素，选择离 X^* 点最近的规模，设 Y_a 表示销售收入，Y_b 表示生产成本，P 表示单位产品销售单价，V 表示单位产品可变成本，F 表示单位产品固定成本，X 表示项目的产品年产量，S 表示项目盈利。则有：

$$Y_a = PX \hfill (2-1)$$

$$Y_b = F + VX + VX^2 \qquad\qquad (2-2)$$

因为盈利等于销售收入减去生产成本，即：

$$S = Y_a - Y_b \qquad\qquad (2-3)$$

$$S = (P - V) X - F - VX^2 \qquad\qquad (2-4)$$

求解二次方程的两个根 X_1 和 X_2，就是生产规模的两个成本效益平衡点。当产量低于 X_1 和高于 X_2 时，企业都会亏损；当产量在 X_1 和 X_2 之间时，则可以盈利。运用数学分析中求极值的方法，可解出最佳生产规模。

$$\frac{d(s)}{d(x)} = P - V - 2VX^2 = 0 \qquad\qquad (2-5)$$

解出方程中 X 即为项目的最佳生产规模。

需要强调的是，在现实生产经营中，家庭农场适度规模经营效益的最佳点是一个不断变化的动态点，会随着农业生产力的不断提高，加上各地农业生产资源的禀赋条件、农业科技的应用水平、劳动者的素质的不同而出现变化。

规模报酬递增存在的根本原因是生产要素的专用性和不可分性，在农业生产经营中，农业机械、厂房设备、农田水利设施等有使用上的专用性和不可分性。通过规模农业生产，使家庭农场能够充分利用农业机械设备以及采用先进的农业生产技术和经营管理方法。而传统分散化、小规模的小农户经营难以充分利用这些农机设备和经营管理方法。因此，在一定规模区间内，农业生产具有规模报酬递增的性质。

二、制度变迁理论

制度变迁是指从一种制度安排，经过修正、完善、更改、替代、转换、废除、创立、创新等，变为另一种新的制度安排。20 世纪 70 年代前后，旨在探究解释经济增长的理论模型，一些学者将制度因素纳入模型中来，美国著名经济学家道格拉斯·C. 诺斯（Douglass C. North）是这方面的代表人物。他在《西方世界的兴起》中提出，一个有效率的经济组织在西欧的发展正是西方兴起的原因所在，制度因素是经济增长的关键，一种能够对个人提供有效激励的制度是保证经济增长的决定性因素。他在研究中重新发现了制度因素的重要作用，其新经济史论和制度变迁理论使他在经济学界声名鹊起，成为新制度经济学的代表人物之一，并因此获得了 1993 年度诺贝尔经济学奖。

制度变迁是一种收益较高的制度对另一种收益较低的制度的替代过程，是一个动态的过程。在这个过程中，涉及制度变迁的主体、动因、方式、效率评价等。新古典制度经济学的制度变迁主体中有政府、团体、私人，诺斯把他们统称为"组织及其企业家",其本质上是一样的,都是为了从创新中获取自身利益的经济人。制度变迁的动力或原因是制度变迁理论的核心,如果没有动力,制度变迁就不可能发生。诺斯在他的研究中论证了相对价格的变化是制度变迁的动因,它创造了一个更有效的激励制度。同时,他和拉坦也重视意识形态在制度变迁中的作用(主要是社会科学知识积累所起的作用),这种意识形态似乎与偏好相联系。马克思对制度变迁的动力分析是客观而全面的,生产关系(经济制度)与生产力(生产技术)间的内在矛盾,就是推进制度变迁的内在动因。当原有生产关系(经济制度)不再适应生产力(生产技术)发展要求时,制度(迟早)必然发生变迁。关于制度变迁的方式,诺斯从不同角度做了划分,不过有些划分不是专门的,只是分析到具体问题时,为了有所区分而对不同的方式贴上相应的标签,并没有上升到应有的理论高度。诺斯分析较深入的是渐进式变迁与革命式变迁的划分,他认为渐进式变迁是交易的双方为从交易中获取某些潜在收益而再签约,是连续的一个演进过程,没有大起大落或中断。而革命式变迁是非连续的,武力征服、战争、革命以及自然灾害是非连续性制度变迁的源泉。在马克思的制度变迁思想里,既强调了革命对改变社会经济制度(所有制)和国家制度的必要性,又深入细致地分析了非根本性制度变迁的渐进性,例如,企业制度的演变。

就农业制度变迁而言,农业生产力的不断发展,必然要求规模经营、技术进步和专业分工,我国小规模农户家庭承包制土地分散且零碎,适合传统农业小规模作业,却无法适应现代农业大规模作业,也难以对接农业大市场。此时,受规模经营、技术进步、专业分工产生的潜在利润或外部利润(在已有制度安排中变迁主体无法获得的利润)影响,制度变迁主体(农民家庭)会产生诱致性制度需求,产生了制变变迁的动力,会主动要求制度从家庭承包制转向家庭农场制。很显然,这种制度变迁是渐进式进行的。在小规模的家庭承包经营制基础上,进行制度变迁既保持了农民个人产权从而激发个人积极性,同时又能实现土地使用权平稳和适度集中,还能维护集体所有制产权安排。根据对制度变迁主体的认识,在农业生产从家庭承包制到家庭农场制的转变过程中,制度变迁主体主要包括农户家庭、地方政府、中央政府。农户家庭构成初级行动集团,中央政府出台中央一号文件推动家庭农场适度规模经营,因而是制度变迁的次级行动集团,而地方政府则是一个具体的推进制度变迁的次级行动集团。至于中央政府与地方政府哪个是次级行动集团第一级或第二级,则比较模糊,难以确定。然而,两级行动集团关系有时表现为若干制度变迁主体之间主从分工,或朝向同一创新目标而协作行动的不同变迁主体。确切地说,三者关系可能更多地体现为协同推进家庭农场制度变迁。在制度变迁中，农村家庭追求家庭收入最大化；而中央政府则追求我国农业农村发展最大化，增加整体农民福利；地方政府则追求地方农业农村发展最大化，增加地方农民福利，三者目标具有内在一致性。

随着生产力的发展，以及我国工业化、信息化、城镇化、农业现代化（简称"四化"）的同步推进，在此背景下，传统的农业经营模式面临着变革的压力，产生制度变迁的动力。如图 2－2 所示，横轴表示土地、资本等农业生产要素，纵轴表示劳动这一农业生产要素。我国传统的小农经营模式，在农业生产技术以及劳动、土地、资金生产要素一定的情况下，等成本线 AB 与等产量曲线 Q_1 相切于均衡点 E_0，即家庭农业生产达到了最优产量。虚线 CD 表示在此技术条件下，等比例的劳动、土地、资金生产要素投入的成本线，并与等产量曲线 Q_2 相切于均衡点 E^*。由于生产力的发展，技术进步成为一种制度诱致性因素，农户家庭为了实现农业收益最大化，必然会产生采用先进科学技术的动机。在不用增加劳动力生产要素，而是增加土地、资金生产要素的条件下，同样能够达到 Q_2 的产量，即等成本线由 AB 移至 AG，AG 与 Q_2 相切于均衡点 E^*。由此，农户扩大了农地经营规模，增加了资本投入，实现了农业规模化经营，家庭农场由此产生。同理，随着科学技术的不断发展，家庭农场经营者进一步提高科学技术含量，继续增加土地、资金生产要素的投入，即 G 点移到 N 点，走资本、技术密集型道路。在保持同样的均衡产量下，等成本线的劳动投入由 A 点减少到 M 点，技术的进步与资本的扩张使机器替代了劳动力，DN 即为技术进步引发的对劳动力投入 CM 的替代效应，E^* 表示在家庭农场制下农业生产的均衡状态。由此实现了从传统小农模式变迁到家庭农场制度的变迁，家庭农场制是对我国传统家庭经营制度的继承和完善。

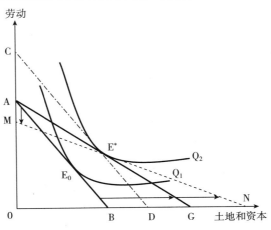

图 2－2　家庭农场制度变迁的机理

三、劳动力转移理论

实现农村人力资源合理配置，达到适度的人地比例，是家庭农场发展的前提条件之一，其关键问题在于解决农村剩余劳动力的转移。农村剩余劳动力是指在一定的生产力水平下，农村劳动力供给超过需求的那一部分，这部分剩余的劳动力投入农业生产的边际产量为零。换言之，将这一部分劳动分离出去，并不影响农业的发展，原有的有效劳动时间和农业产出量不会减少。

20世纪50年代，美国著名的经济学家刘易斯（Lewis）提出了二元经济结构理论，并建立劳动力转移模型。他将一个国家的经济分为工业和农业两个部门，农业部门生产力低下，存在大量边际产出接近或等于零的劳动力。工业部门生产力较高，集中了大量的资本，工资和利润水平远高于农业部门，因此，工业部门将不断扩张，可以源源不断地吸收农业剩余劳动力，直到两个部门的工资和利润相等。此时，一个国家的工业化过程也告完成。刘易斯农村剩余劳动力转移理论也存在不完善之处，包括中国在内的许多发展中国家，最初的工业体系一般都是在政府的主导下，建立起以重工业为主的工业体系，而重工业对劳动力的吸纳能力比较有限。这一有限性，不仅反映在就业方面，在城市的基础设施建设方面也会表现出来。这些发展中国家应用刘易斯的二元经济及劳动力转移理论，发生了过度损害农业而偏重于发展工业的情况，农村人口大量涌入城市，城市的失业问题越来越严重，同时农村人口的收入增长十分缓慢。为此，一些经济学家对刘易斯的理论进行了补充和修改。

20世纪60年代，拉尼斯（Ranis）和费景汉（Fei）进一步发展了刘易斯理论。他们延续了刘易斯理论劳动力无限供给的假设，把农村剩余劳动力转移的过程进行细分，主要做出了以下三个方面的改进：第一，刘易斯认为，农业的作用只是为工业提供剩余劳动力，而拉尼斯和费景汉非常注重农业剩余在工业扩张中的作用，强调两个部门必须保持平衡发展。第二，拉尼斯和费景汉强调了人口增长对劳动力转移的阻碍，如果农村剩余劳动力要全部转移到工业部门，前提是人口的增长速度必须低于劳动力转移的速度。这一结论在印度、中国等国家得到了明显的证实。第三，强调了技术进步的作用，生产要素之间的比例是可变的，资本密集型技术对吸纳劳动力就业的贡献十分有限。

在剩余劳动力转移分析中，20世纪70年代初形成的托达罗（Todaro）理论受到广泛的推崇。不同于刘易斯的劳动力转移理论，该理论的侧重点不是农村劳动力对经济发展的积极作用，而是减少城市失业，放缓农村劳动力的转移速度。

该理论认为，农村劳动力的转移与否，不仅取决于城乡之间预期的收入差距，还取决于城市的就业率和失业率。托达罗劳动力转移理论的政策意义表现为两个方面：一是应当取消人为造成的城乡之间的收入差距，因为这种差距是农村剩余劳动力迁移最大的动力；二是解决农村剩余劳动力问题，必然要重视发展农业本身。

第三章　湖南省家庭农场适度
规模经营测算

第一节　农业适度规模经营的含义

农业适度规模经营是指在一定的生产力条件下，各生产要素的最优组合及有效运行，取得最佳经济效益的规模。因土地是农业生产不可替代的生产要素，故农业适度规模经营又称土地适度规模经营。在唯物辩证法上，适度是指事物保持其质和量的限度，是质和量的统一。质和量相互规定、相互渗透，密不可分，这就要求我们在实践中坚持适度的原则，使事物的变化保持在适当的范围内，既要防止"过"，又要防止"不及"，采取正确的方法在实践活动中取得成功。农业规模经营的"不及"，是指土地面积太小，无法容纳生产要素的充分发挥，导致生产效率低下；而"过"，则是指土地面积太大，超出经营主体的生产能力范围，同样造成生产效率低下。而"适度"则是各种生产要素充分发挥，生产效率达到最高的稳态点。由于农业生产是多种生产要素的组合，土地适度规模经营所要求的土地面积并不是固定的，它因地、因时而变化。

从经济学角度来分析，家庭农业经营规模并不是越大越好。如图 3 – 1 所示，长期平均成本曲线（Long – run Average Cost，LAC）呈"U"形。最初，农业生产成本随着经营的规模扩大而急剧下降，直至达到一个最低点。经过此最低点后，当经营规模继续扩大时，生产成本并非仍然下降，而是随之逐渐增加。"U"形曲线的最低点对应的经营规模 S，就是家庭农场经营的最佳规模。在实际中，由于受生产要素价格、农产品价格以及其他行业收入水平的变化，家庭农场最佳土地经营规模点也会随之移动。

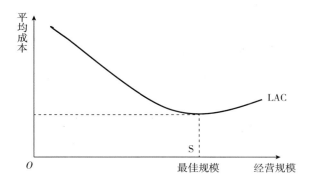

图 3 - 1　农业经营规模经济曲线

第二节　家庭农场适度规模的边界

一、确定家庭农场适度规模边界的原则

根据上文的理论分析，就经济学角度而言，长期平均成本"U"形曲线的最低点对应的规模，就是家庭农场最佳的土地经营规模。然而，确定家庭农场适度规模，不仅是经济问题，也是社会问题。因此，既要坚持效率，也要兼顾公平。这里的"效率"是指提高农业生产效率，实现较高的生产收益，这是发展家庭农场的必由之路。然而，我国处于社会主义初级阶段，在当前历史条件下，农地作为农民最后一道保障，是农村经济发展的稳定器。如果以追求效率为唯一目标，不断扩大农地经营规模，必然会侵占多数农民的土地福利，拉大农民之间的收入差距。这将产生农民之间"非均等化"的后果，影响农村社会稳定。因此，本书将"效率优先，兼顾公平"作为确定家庭农场适度规模边界的基本原则。

二、最小必要规模临界点的确定标准：机会成本

最小必要规模临界点是农户愿意经营家庭农场的农地规模。虽然我国传统的小农经营模式能解决农户基本的吃饭问题，但无法实现农民致富。在工业化、城镇化快速发展的背景下，农户非农就业的机会增加。作为理性"经济人"的农户，必然要在务农与外出务工这两种就业方式上做出理性选择。我国传统的小农经营模式，由于农地经营面积太小，农业收入低微，很多农户选择放弃务农，或由老人、妇女在家务农，家庭主要劳动力外出务工，以增加家庭收入，实现家庭经济收入最大化。据此，如果从事家庭农场的收入能够达到外出务工的收入，农户才有经营家庭农场的意愿。换言之，农户的选择是在家庭农场所得与非农机会收入两者之间进行权衡，农户家庭劳动力外出务工的收入就是经营家庭农场的机会成本。由此，家庭农场最小必要规模临界点也就是外出务工的机会成本，其计算方法是假设农户家庭平均有 N 个劳动力，每个人外出务工的年均收入为 R_i 元，农户家庭外出务工的年总收入为 TR_i 元，用公式表达为：

$$TR_i = N \times R_i \qquad\qquad (3-1)$$

当经营家庭农场时，假设家庭人均农地面积为 m 亩，每亩的年收入为 R_a 元，家庭农场经营年总收入为 TR_a 元，用公式表达为：

$$TR_a = N \times m \times R_a \qquad\qquad (3-2)$$

由于经营家庭农场的机会成本就是农户家庭总劳动力非农的总收入。据此，经营家庭农场与家庭劳动力外出务工的均衡条件为：

$$TR_i = TR_a \qquad\qquad (3-3)$$

即：

$$N \times R_i = N \times m \times R_a \qquad\qquad (3-4)$$

由以上式子可解得，每个农户家庭劳动力的最小必要规模为 $m = R_i/R_a$。在农户家庭有 N 个劳动力情形下，家庭农场最小必要规模为：$M_1 = N \times (R_i/R_a)$。

三、中等适度规模临界点的确定标准：跨期收入

我国长期存在的城乡二元结构，以及偏向城市的福利政策，导致存在明显的城乡差别、工农差别。在新形势下，国家提出要以工业反哺农业，构建新型的工农、城乡关系。尽管这种差别正在逐渐缩小，但是不可能立即完全消除，需要一个历史过程来解决。可以说，改革开放 40 多年来我国经济快速发展，特别是工业的发展，主要是以牺牲农业和农民的利益来换取。就业人群最多的农民，基本老无保障，只能依赖子女养老。而城镇居民退休后，有基本社保或退休养老金，生活有所保障。因此，为了保证农民进入老年阶段享受与城镇居民相当的生活待遇，农户经营家庭农场的规模应该达到中等适度规模。中等适度规模家庭农场经营，就是农户家庭除了获得相当于外出务工的经济收入之外，还应赚取当地城镇居民非机关事业单位人员平均养老退休金的收入，以储备进入老年阶段的生活费用，这部分收入可视为跨期收入。跨期收入就是确定家庭农场中等适度规模的标

准，其均衡式为：

$$TR_a = TR_i + TR_b \tag{3-5}$$

即：

$$N \times m \times R_a = N \times R_i + N \times R_b \tag{3-6}$$

其中，R_b 表示农户家庭每个劳动力赚取的当地城镇居民平均养老退休金的收入，TR_b 表示农户家庭全部劳动力赚取的当地城镇居民平均养老退休金的总收入。由此得到家庭农场每个劳动力中等适度规模为：$m = (R_i + R_b) / R_a$，在农户家庭为 N 个劳动力情形下，家庭农场中等适度规模为：$M_2 = N \times (R_i + R_b) / R_a$。

四、最大适度规模临界点的确定标准：城乡居民收入均衡

从规模经济理论来看，只要处于规模报酬递增的区间，农地经营规模就可以扩大。实证研究表明，种植类家庭农场，尤其是粮食生产型家庭农场，由于大型现代化农业机械作业效率越来越高，能够有效降低雇用劳动力成本，农地规模也随之越来越大。美国、澳大利亚的大型农场，普遍在 3000 英亩以上，生产效率及经济收益远超中小型家庭农场，近年来面积仍在持续扩大。如果我国按照经济意义上的标准进行界定，只要土地流转得顺利，在当前生产力水平下，发展上万亩乃至几十万亩土地面积的家庭农场不足为大。但是，界定家庭农场的最大适度规模，如前所述，不仅是经济问题，还是社会问题。实践表明，通过土地流转，土地经营权大规模集中，更有利于高收入农户提高收入水平，而不利于低收入农户。如此一来，容易加剧农村农户之间的收入差距，影响农村收入的公平。土地作为农民最后一道生存保障，发展农地规模过大的家庭农场，不仅拉大了农村农户之间的差距，也容易侵害低收入农户的土地福利，滋生新的农村社会矛盾。因此，在当前我国人多地少、城镇化水平尚未达到应有高度的国情下，有必要设置家庭农场农地最大适度规模的临界点。这个最大适度规模临界点既能兼顾效率，更能兼顾公平。在新形势下，党和中央政府明确提出，要健全城乡发展一体化体制，让广大农民共享改革发展成果，逐步实现城乡居民基本权益平等化、城乡公共服务均等化、城乡居民收入均衡化，以及城乡产业发展融合化。实现城乡居民收入均衡化，是建立城乡一体化发展体制的核心。因此，以城乡居民收入均衡作为确定家庭农场最大适度规模的标准，符合国家的政治需要，也兼顾了提高效率的原则。其均衡条件是，农户经营家庭农场除了赚取相当于当地城镇在岗职工的平均收入之外，还能获得相当于当地城镇非机关事业单位人员年均退休养老金，

用公式表达为：

$$TR_a = TR_c + TR_b \qquad\qquad (3-7)$$

即：

$$N \times m \times R_a = N \times R_c + N \times R_b \qquad\qquad (3-8)$$

其中，R_c、TR_c 分别表示农户家庭单个劳动力获得的相当于当地城镇在岗职工的平均收入、农户家庭全部劳动力获得的相当于当地城镇居民家庭的总收入，R_b 表示农户家庭每个劳动力赚取的相当于当地城镇居民平均养老退休金的收入。由式（3-8）可解得农户家庭每个劳动力农地最大适度规模 $m = (R_c + R_b) / R_a$，在农户家庭为 N 个劳动力情形下，家庭农场最大适度规模临界点为：$M_3 = N \times (R_c + R_b) / R_a$。

五、家庭农场适度规模的界定

通过对农地最小必要规模、最大适度规模以及中等适度规模三个临界点的分析，本书以粮食生产型家庭农场为例，界定家庭农场适度规模的四种形态：低适度规模、中等适度规模、高适度规模和超适度规模（见表3-1）。当农地经营规模（A）小于最低必要规模临界点时，家庭农场粮食生产经营收入低于家庭劳动力在外务工的收入，在家庭劳动力比较容易被其他产业吸纳就业时，农民作为理性"经济人"，不会创办家庭农场从事粮食生产经营，因为从事家庭农场粮食生产经营是种不经济的选择。即使创办家庭农场，也是选择非粮食生产经营。那么粮食生产难以维持，容易引起非粮化现象。从国家粮食安全战略的角度来看，对我国粮食安全构成威胁。当经营规模能够达到中等适度规模时，家庭农场粮食生产经营收入要高于家庭劳动力外出务工的收入，虽然尚未能额外赚取相当于当地城镇居民非机关事业单位人员平均养老退休金的收入，但仍是家庭农场经营户可以接受的范围，特别在工业化水平较低且城镇化进程相对缓慢的地区（如吉林、辽宁、湖南、江西、河南、广西等地），家庭农场中等适度规模经营是比较恰当的适度规模。高适度规模经营适合于工业化和城镇化程度相对较高的地区（如上海、北京、广东、福建、浙江、江苏等地），不仅能获得家庭劳动力外出务工的收入，而且还可以赚取相当于当地城镇居民非机关事业单位人员平均养老退休金的收入。农户从事家庭农场粮食生产经营，目的在于追求收入最大化，只要家庭禀赋匹配以及农地流转顺利，必然会继续扩大家庭农场经营规模，达到超适度规模经营。超适度规模经营下的家庭农场，从事粮食生产经营的收入不仅要高于当地城镇居民家庭在岗职工的年均总收入，同时还能赚取相当于当地城镇居民非机关事业单位人员平均养老退休金的收入。超适度规模经营不符合我国人多地少的基本国情,也有悖于国家城乡居民收入均衡的政策。因此,在当前历史条件下,不宜提倡,而且必要时需要控制。当然,在内蒙古、新疆、黑龙江等人少地多的地区,可以适当发展超适度规模经营的家庭农场。

表 3 – 1 粮食生产类家庭农场适度规模的界定

适度形态	临界点	内涵
低适度规模经营	$A < M_1$	家庭农场粮食生产经营年均总收入低于家庭劳动力成员外出务工的年均总收入
中等适度规模经营	$M_1 \leqslant A \leqslant M_2$	家庭农场粮食生产经营年均总收入高于家庭劳动力成员外出务工的年均总收入,但尚未能额外赚取相当于当地城镇居民非机关事业单位人员平均养老退休金的收入
高适度规模经营	$M_2 \leqslant A \leqslant M_3$	家庭农场粮食生产经营年均总收入高于家庭劳动力成员外出务工的年均总收入,虽低于当地城镇居民家庭在岗职工的年均总收入,但同时能赚取相当于当地城镇居民非机关事业单位人员平均养老退休金的收入
超适度规模经营	$A > M_3$	家庭农场粮食生产经营年均总收入高于当地城镇居民家庭在岗职工的年均总收入,同时还能赚取相当于当地城镇居民非机关事业单位人员平均养老退休金的收入

第三节 湖南省家庭农场适度规模测算
——以水稻种植类为例

湖南省是我国历史上最早种植双季稻的省份之一。湖南水稻种植不仅总量大,而且单产高,单位面积产量比全国平均高 25% 以上,接近世界先进水平。湖南省以 3.1% 的耕地,提供了全国 5.4% 的粮食,在全国 13 个粮食主产省份中居第 8 位,水稻产量占全国的 12.8%,居全国第一位。目前,湖南省每年调出商品粮 80 亿 ~ 100 亿斤,是现有 7 个原粮净调出省份之一。湖南还是全国生猪调出第一省,每年外销生猪 3200 多万头,折合稻谷 60 多亿斤,为国家粮食安全做出了独特的贡献。另外,湖南省水稻科研实力雄厚,袁隆平院士研发的杂交水稻,在全球累计推广 50 多亿亩, 增产粮食 1 万多亿斤; 国内推广 2.4 亿亩左右, 每年增产的粮食可多养活 7000 万人口。目前, 湖南省委省政府高度重视发展水稻种植类家庭农场, 在 2016 年重点发展了 10000 户水稻种植家庭农场。因此, 以水稻种植为例, 对湖南省家庭农场的适度规模进行测算, 具有典型的地域代表性, 在实践上也迫切需要。

一、数据来源

根据上文的计算公式, 对湖南省水稻种植类家庭农场的适度规模进行测算, 需要采集的数据有湖南省外出务工劳动力的年均收入 (R_i), 农户家庭平均劳动力数 (N), 湖南省城镇居民人均可支配收入 (R_c), 湖南省城镇居民年均退休养老金 (R_b), 水稻种植亩产净利润 (R_a)。

(一) 湖南省外出务工劳动力的年均收入 (R_i) 和农户家庭平均劳动力数 (N)

本数据通过发放调查问卷获取, 具体做法, 2015 年寒假, 湖南农业大学经济学院 2014 级农业经济管理专业农村户口籍学生参加社会实践活动, 对所在村 (组) 外出务工人员的收入情况进行调查。调查内容包括家庭外出务工人数、务工年收入两项。全省 14 个市 (州) 共回收有效问卷 412 份, 农民外出务工年均收入情况见表 3 - 2。农户家庭平均劳动力数 (N) 方面, 调查显示, 各市 (州) 农户家庭平均外出务工人数在 2.69 ~ 2.82, 地区之间差距不大, 本书取值 N≈3。

表 3 - 2　农民外出务工年均收入 (2015 年)

市 (州)	农民外出务工年均收入 (元)	市 (州)	农民外出务工年均收入 (元)
长沙	41231	张家界	30106
株洲	39885	益阳	31062
湘潭	38005	郴州	32124
衡阳	31860	永州	30180
邵阳	30021	怀化	30110
岳阳	31080	娄底	30190
常德	31095	湘西州	29018

资料来源: 根据调查统计整理。

(二) 湖南省城镇居民人均可支配收入 (R_c)

通过查询《湖南省统计年鉴》(2014), 参考 "在岗职工年平均工资" 一栏数据得到 (见表 3 - 3)。

表3-3　湖南省在岗职工年平均工资

市（州）	在岗职工年平均工资（元）	市（州）	在岗职工年平均工资（元）
长沙	56381	张家界	38131
株洲	46319	益阳	37835
湘潭	43078	郴州	40792
衡阳	36361	永州	37132
邵阳	36481	怀化	37670
岳阳	38117	娄底	37984
常德	38059	湘西州	37361

资料来源：《湖南省统计年鉴》（2014）。

（三）湖南省城镇居民非机关事业单位人员年均退休养老金（R_b）

通过调查问卷的方式获取，具体做法，2015年下学期，向湖南农业大学湖南籍城镇户口学生发放《城镇居民非机关事业单位人员退休养老金调查表》，征集家庭中退休成员（父母、爷爷、奶奶、外公、外母等亲属）退休养老金的额度。调查问卷的内容有市（州）名称、退休前单位性质（国有企业、集体企业、其他）、发放金额三个题项。最终，回收有效调查问卷472份（见表3-4）。

表3-4　城镇居民非机关事业单位人员年均退休养老金调查情况

市州（样本数）	最大值（元）	最小值（元）	均值（元）	标准差
长沙（N=35）	31662	19942	23911	768
株洲（N=32）	28698	18346	23254	653
湘潭（N=29）	27810	18452	23232	758
衡阳（N=31）	27297	18369	22853	806
邵阳（N=28）	23647	16608	18610	503
岳阳（N=34）	27193	20093	22093	808
常德（N=33）	26766	19560	21755	657
张家界（N=28）	24580	16427	17880	309
益阳（N=31）	25928	18550	20950	487
郴州（N=31）	26634	18852	21980	583
永州（N=32）	24526	18030	19620	366
怀化（N=37）	25632	17008	18632	452
娄底（N=29）	26680	17860	19970	768
湘西州（N=29）	24466	16110	17662	356

资料来源：根据调查统计整理。

（四）水稻种植每年亩产净利润（R_a）

通过调查水稻种植类家庭农场获取，再根据调研数据计算求得。水稻种植亩产净利润（R_a）＝水稻亩产值＋政府种粮补贴－水稻每亩生产成本。其中，水稻亩产值＝亩产量×最低收购价；政府种粮补贴包括种粮直补、农资综合补贴、双季稻补贴、家庭农场专项补贴；水稻生产成本主要包括购买种子、化肥、农药的费用以及土地流转、机耕（收）、水电、运输、雇工等费用。以上数据获取来自2015年湖南农业大学承办的新型职业农民培训，由水稻种植类家庭农场主填写问卷，共搜集有效问卷62份。由于全省水稻种植的综合环境差异不大，每年两季，且水稻种植的生产要素价格及收购价格波动不大，因而全省不分区域进行计算，水稻种植亩产净利润用统一的数据来测算。

1. 水稻亩产值方面

在62份有效调查问卷中，农户普遍种植籼型杂交水稻，符合湖南省水稻种植的实际情况，早籼稻平均亩产376.5公斤，晚籼稻平均亩产413.5公斤。根据2013～2015年国家制定的稻谷最低收购价（见表3－5），算得籼稻均价为136元/50公斤，由此算得水稻亩产值为：136×（376.5＋413.5）/50＝2148.8（元）。

2. 政府补贴方面

参考2014年补贴标准，种粮直补为13.5元/亩，农资综合补贴为80.6元/亩，双季稻补贴的标准由市（县）自行确定，最低不得低于50元/亩，最高不得高于80元/亩，本书取最低标准50元/亩。另外，根据《湖南省培育扶持10000户家庭农场实施方案》的规定，给予家庭农场专项补贴100元/亩。由此算得政府补贴为：13.5＋80.6＋50＋100＝244.1（元）。

3. 水稻每亩成本方面

根据问卷调查，算出每亩化肥（主要包括45%复合肥25公斤、尿素15公斤、钾肥7.5公斤、磷肥50公斤）花费约165元（见表3－5）；种子、农药：水稻用种杂交稻2公斤或常规稻5公斤，农药防治常见的"三虫三病"，最少打三次药，两项合计约170元；犁田、插秧、收割、施肥、打药等机械化作业成本及临时雇工费用约400元。以上算得每亩两季成本为：（165＋170＋400）×2＝1470（元）。此外，土地流转费用目前全省差异较大，低的100元左右，高的达400～700元，因地块肥力、位置远近及配套设施等而异，据调查发现，大多数地区在200元/亩左右。因此，本书取值200元/亩，由此水稻每亩成本为：1470＋200＝1670（元）。

综合以上各项收支，测算出水稻种植每年亩产净利润（R_a）＝2148.8＋244.1－1670＝722.9（元）。

表 3 − 5　籼稻收购价及化肥价格　　　　　单位：元/50 公斤

年份 \ 项目	最低收购价		化肥价格				
	早籼稻	晚籼稻	尿素	磷肥	钾肥	复合肥	碳铵
2013	132	135	127.20	37.22	179.60	138.3	44.03
2014	135	138	129.11	38.82	181.56	139.98	45.21
2015	135	138	190.09	39.77	182.55	141.76	46.77

资料来源：根据调查统计整理。

二、测算结果

根据表 3 − 1 粮食生产类家庭农场适度规模经营的界定，以水稻种植为例，测算湖南省 14 个市（州）不同适度水平的家庭农场经营面积（见表 3 − 6）。从测算结果可以看出，各地在家庭农场的适度规模经营面积存在一定的差异。以最低必要规模经营面积为例，最高的长沙市比最低的湘西自治州高出 50 多亩。总体而言，可分为三个阶梯，第一阶梯为长沙、株洲、湘潭，最低必要农地规模经营面积分别为 171.11 亩、165.52 亩、157.72 亩；第二阶梯为衡阳、岳阳、常德、郴州、益阳、娄底，最低必要农地规模经营面积分别为 132.22 亩、128.98 亩、129.04 亩、133.31 亩、128.91 亩、125.29 亩；第三阶梯为邵阳、怀化、永州、张家界、湘西州，最低必要农地规模经营面积分别为 124.59 亩、124.96 亩、125.25 亩、124.94 亩、120.42 亩。从地理区域来看，第一阶梯主要分布在湘东地区，第二阶梯主要分布在湘中地区，第三阶梯主要分布在湘西地区。湘东地区要高于湘中，湘中要略高于湘西地区。

表 3 − 6　湖南省 14 市（州）稻谷生产类家庭农场适度规模的界定

市州	R_i	R_c	R_b	低适度 $A < M_1$	中等适度 $M_1 \leqslant S < M_2$	高适度 $M_2 \leqslant A \leqslant M_3$	超适度 $A > M_3$
长沙	41231	56381	23911	A < 171.11	171.11 ≤ A < 270.34	270.34 ≤ A ≤ 333.21	A > 333.21
株洲	39885	46319	23254	A < 165.52	165.52 ≤ A < 262.02	262.02 ≤ A ≤ 288.72	A > 288.72
湘潭	38005	43078	23232	A < 157.72	157.72 ≤ A < 254.13	254.13 ≤ A ≤ 275.18	A > 275.18
衡阳	31860	36361	22853	A < 132.22	132.22 ≤ A < 227.06	227.06 ≤ A ≤ 245.74	A > 245.74
邵阳	30021	36481	18610	A < 124.59	124.59 ≤ A < 201.82	201.82 ≤ A ≤ 228.62	A > 228.62
岳阳	31080	38117	22093	A < 128.98	128.98 ≤ A < 220.67	220.67 ≤ A ≤ 249.87	A > 249.87
常德	31095	38059	21755	A < 129.04	129.04 ≤ A < 219.32	219.32 ≤ A ≤ 248.23	A > 248.23

续表

市州	R_i	R_c	R_b	低适度 $A < M_1$	中等适度 $M_1 \leq S < M_2$	高适度 $M_2 \leq A \leq M_3$	超适度 $A > M_3$
张家界	30106	38131	17880	$A < 124.94$	$124.94 \leq A < 199.14$	$199.14 \leq A \leq 232.44$	$A > 232.44$
益阳	31062	37835	20950	$A < 128.91$	$128.91 \leq A < 215.85$	$215.85 \leq A \leq 243.95$	$A > 243.95$
郴州	32124	40792	21980	$A < 133.31$	$133.31 \leq A < 224.53$	$224.53 \leq A \leq 260.50$	$A > 260.50$
永州	30180	37132	19620	$A < 125.25$	$125.25 \leq A < 206.67$	$206.67 \leq A \leq 235.52$	$A > 235.52$
怀化	30110	37670	18632	$A < 124.96$	$124.96 \leq A < 202.28$	$202.28 \leq A \leq 233.65$	$A > 233.65$
娄底	30190	37984	19970	$A < 125.29$	$125.29 \leq A < 208.16$	$208.16 \leq A \leq 240.51$	$A > 240.51$
湘西州	29018	37361	17662	$A < 120.42$	$120.42 \leq A < 193.72$	$193.72 \leq A \leq 228.34$	$A > 228.34$

第四节　湖南省家庭农场适度规模实践情况

一、家庭农场经营规模调查

从工业化和城镇化程度来看（见图 3 – 2），湖南省 14 个市（州）存在明显的差异，大致从东向西呈现梯度结构。

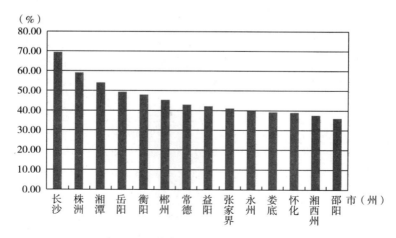

图 3 – 2　湖南省各市（州）城镇化率

资料来源：《湖南省统计年鉴》（2014）。

本书选择浏阳市（长沙）、汉寿县（常德）、隆回县（邵阳）三个典型地区的家庭农场进行调查，以分别代表湘东、湘中、湘西①三个高、中、低城镇化率的区域。调查的具体方式，2015年暑假，向浏阳、汉寿、隆回三个市（县）的工商局、农业局以及农委征询当地家庭农场发展的情况，实地走访了部分家庭农场，并结合2015年湖南农业大学承办了"新型职业农民培训班"回收的调查问卷，共获得了81份水稻种植类家庭农场样本。其中，浏阳21份，汉寿31份，隆回29份。对照表3-1的界定标准，湖南三地家庭农场经营规模对应的适度规模类型如表3-7所示。

表3-7　湖南三地家庭农场经营规模与适度规模经营类型

样本区域	样本数量（个）	平均规模（亩）	适度规模类型
浏阳市（湘东）	21	136.22	低适度
汉寿县（湘中）	31	273.56	高适度
隆回县（湘西）	29	287.09	超适度

二、家庭农场适度规模分析

　　运用单因素方差分析方法对三个样本区域的家庭农场经营规模进行分析，结果显示 $F = 61.13$，$sig < 0.001$，表明区域间的家庭农场经营规模存在显著差异。从表3-7中可以看出，浏阳市家庭农场的平均经营规模最小，仅为136.22亩，属于低适度规模经营。究其原因，浏阳市县域经济非常发达，境内生物制药、机械制造、手机电子等规模企业798家，其中，产值过亿元企业达272家。浏阳以花炮闻名世界，是我国著名的"花炮之乡"，为全球最大的花炮生产和贸易基地，花炮产业集群效应非常明显，全市城镇建成区面积近100平方公里，城镇化率达到53.38%，高出湖南省平均城镇化率5.42个百分点，为家庭农场发展提供了有利的条件。但是，浏阳市地形以山地、丘陵为主，且山势陡峭，坡度较大，平原仅占全市土地面积的12.56%。有限的平原区域被工业区、交通道路分割，农地难以连接成片。此外，浏阳人均农地面积不足0.9亩，耕地严重细碎化，增加了土地流转的难度。因此，浏阳市大规模流转土地受到限制，家庭农场普遍为

---

　　①　隆回县从湖南省的地理位置来看，应归为湘中地区，但由于该县与湘西地区接壤，经济发展水平也与湘西地区非常接近，本书在此将其归为湘西地区。

低适度规模经营。汉寿县家庭农场平均规模为 273.56 亩，是湘东地区的两倍，属高适度规模经营。这主要归因于当地有利的地形条件与政府农业支持政策。汉寿县坐拥西洞庭湖、沅澧两水的鱼米之利，平原面积占 49.07%，是国家确认的重点粮、棉、油、鱼生产大县。2014 年，汉寿县农业总产值占地区 GDP 的 22.5%，农业产值和比重在全省位居前列。在新形势下，当地政府农业农村工作的总体思路和目标是以"推进二次创业、建设滨湖强县"为总要求，按照"跳出农字抓农业，跳出农业抓农村"的思路，推进传统农业向现代农业转型、农业大县向农业强县转变。在当地政府和基层村委会的积极推动下，减小了家庭农场流转农地的阻力，经营规模呈现越来越大之势。隆回县的地形特点与浏阳比较相似，山地、丘陵多，平原少。不同的是，当地没有浏阳发达的工业经济和众多的乡镇企业，农村劳动力外出务工、农村空心化现象突出，农地流转相对比较容易。因此，家庭农场平均规模达到 287.09 亩，属于超适度经营规模。

从家庭农场经营项目来看，三个地区存在较大的差别。由于浏阳平均经营规模最小，而当地人均收入在三个地区中最高，低适度的规模促使家庭农场主采用集约型农业经营方式，即把一定数量的劳动力和生产资料，集中投入到较少的土地上，经营比较收益较高的农产品（大致分为两类：一是资本密集型的水产、禽畜养殖；二是劳动密集型的蔬菜、林果种植），而鲜有单纯稻谷生产的家庭农场。而湘中的汉寿地势平坦，加之当地政府对稻谷生产的重视，家庭农场经营项目以水稻种植为主。但单纯的水稻种植收益仍然偏低，越来越多的家庭农场转向"水稻 +"的稻田生态高效种养模式，主要有稻田养鸭和稻田养鱼、养虾、养蟹等种养结合。这种种养结合的模式，形成稻田生物系统互惠共生、营养物质多级循环利用，改善了生态环境，实现高产高效和省工节本的双赢目标，能够有效增加家庭农场的收入。隆回县的家庭农场属于超适度规模，由于当地的农地流转相对比较容易以及稻谷生产技术门槛相对较低，农民对传统种粮的收益依赖，家庭农场以粮食生产为主，兼营蔬菜林果等经济作物。

从三个地区家庭农场的经营项目来看，经营规模越小，集约化程度越高。对此现象可以用著名德国农业经济学家屠能的理论来解释。其中心内容是农业经营集约化程度不仅取决于土地的天然特性，更依赖于当时的经济状况和生产力发展水平，尤其是农业生产用地到农产品消费地（市场）的距离。城市周围的农业集约化程度呈圈层变化，围绕城市消费中心形成一系列同心圆，即"屠能圈"（见图 3 - 3）。最中心的黑色圈代表消费市场，从最中心向外依次为第一圈距离市场最近，适宜的经营项目为蔬菜种植、禽畜养殖等；第二圈适宜发展果林、园艺等;第三圈适宜经营集约化程度比较高的农作物种植;第四圈适宜经营粮食作物;第五圈适宜发展粗放型的轮作制农业;第六圈适宜放牧,也可以经营粗放型的种植业。在本书中,湖南省最大的消费市场是长沙市,用最中心的黑色圈表示,三个地区离长沙的距离由近到远分别是浏阳、汉寿、隆回,经营项目在"屠能圈"对应的位置见图3-3,浏阳大致对应第一、第二圈,汉寿与第三圈的集约农业相对应,隆回对应第四圈的粮食作物经营。当然,除了长沙这个最大的市场之外,由于各个地区同时还有中、小型市场的存在,家庭农场的经营项目并非完全与"屠能圈"中相对应,但屠能的理论对家庭农场经营项目选择仍然具有一定的实际参考价值。

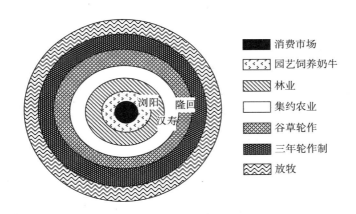

图3-3　三个地区家庭农场经营项目在屠能圈中的对应位置

三、家庭农场实际经营规模与理论测算偏差分析

通过比较实践中的家庭农场经营规模与理论上的测算,发现两者存在较大的差异。经济较发达的湘东地区,尽管家庭农场的经营规模在理论测算上应该是最大,但在实践中却是最小,平均面积仅为136.22亩,属于低适度经营规模。相反,经济相对较落后的湘西地区,理论测算上经营规模最小,而实践中最大,平均面积达到287.09亩,属超适度经营。原因归结为本书对家庭农场适度规模理论上的测算,是秉承"效率与公平兼顾"的原则。而在实践上,"效率至上"成为家庭农场扩大农地规模的主导原则,只要经营规模没有超出家庭禀赋的上限,农地流转没有阻碍,家庭农场主就有继续扩大规模的动机。湘西地区工业化、城镇化相对滞后,虽然家庭农场适度规模的理论测算较低,但由于农村劳动力外出

务工，农村普遍空心化，农田抛荒弃耕。在当地政府和基层村组织的推动下，农地流转比较容易，流转价格较低，大规模的农地流转比较容易实现。因此，湘西地区家庭农场的实际经营规模超过理论测算的面积，造成超适度规模经营。湘东地区虽然工业化、城镇化水平较高，但农业从业人员比重仍然过高，人均农地面积太小。加上该地区城市化和交通设施建设挤占了有限的农业用地，导致农地存量不足和农地位置分散，客观上造成农地大规模流转障碍。另外，由于级差地租原因，该地区的土地流转价格普遍较高，抬高了家庭农场扩大经营规模的成本。因此，多重原因重合，导致实际的家庭农场经营规模小于理论测算的面积，处于低适度规模经营状态。

第四章　湖南省农户发展家庭农场的意愿及影响因素分析

发展家庭农场，不能赶着走，要尊重农民的意愿。因此，有必要了解农户发展家庭农场的意愿，分析农户发展家庭农场意愿的影响因素，为政府制定相关政策提供理论依据。

第一节　问卷调查

一、问卷设计

调查的目的是了解湖南省农户创办家庭农场的意愿，分析影响因素以及各影响因素对意愿的作用大小。本问卷设计在遵循整体性、简洁性、通俗性原则的基础上，内容分为三部分：第一部分是被调查户主的基本情况，包括年龄、文化程度、婚姻状况。第二部分是调查对家庭农场的认知，题项包括对"家庭农场"的了解程度；对"家庭农场"的关注程度；通过何种途径了解"家庭农场"；如果您创办家庭农场，其类型是什么；愿意创办家庭农场的理由；不愿创办家庭农场的理由。第三部分为农户创办家庭农场意愿题项，分成农户禀赋、自然环境、社会环境三大题项。题项主要涉及家庭劳动力数；务农及外出务工年限；本人或亲戚是否为村、镇干部；风险偏好；掌握农业专业技术程度；家庭年收入；交通情况；地形；土地流转难易程度；贷款难易程度；获取农业技术报务难易程度等。

二、数据来源

本次调查时间为 2015 年 1 ~ 3 月，利用外出务工农民年底返乡过年期间，组织湖南农业大学56名参加社会实践活动的学生志愿者于寒假期间入户调查。为了保证调查数据的代表性，遵循非随机抽样与随机抽样相结合的原则，先选定代表湖南省经济发展水平高、中、低的长沙、常德、怀化三个市（见表4－1）；在每个市抽取两个县（区），按经济发展水平（高、中、低）及地形特点（平原、丘陵、山地）将每个县（区）的乡镇分成三组，在每组中随机抽取3个乡镇；然后在每个乡镇中随机对20～30个农户进行入户调查。与农户面对面访谈后，指导农户填写调查问卷。这样，该项调查涵盖湖南省6个县（区）18个乡镇401户的调查，其中，有效问卷358份，有效率89.28%；长沙受访农户121户，常德120户，怀化117户。

表4－1　样本县（区）概况

统计项	长沙市		常德市		怀化市		全省
	望城区	宁乡县	汉寿县	安乡县	洪江市	麻阳县	均值
农村居民人均可支配收入（元）	21462	17894	10262	9843	7193	4794	10060
城市化水平（%）	52.24	46.95	33.23	36.49	37.41	29.87	47.96

资料来源：《湖南省统计年鉴》（2014）。

第二节　样本描述性分析

一、农户户主特征

样本农户户主的年龄和文化程度均呈明显的正态分布规律（见表4－2）。户主以青壮年为主，30～39岁年龄段占43.30%；40～49岁年龄段占33.24%；30岁以下和50岁以上的年龄段分别占12.01%、11.45%。首先，以初中文化为主户主文化程度占53.91%。其次，为高中（中专）文化程度，占24.02%；小学、大专及以上的分别占18.44%、3.63%。在三个调查区域内，怀化地区农户户主的文化程度最低。

表 4 - 2　调查农户主基本特征

题项	地区	长沙 （N = 121）		常德 （N = 120）		怀化 （N = 117）		合计 （N = 358）	
	选项	频数	占比（%）	频数	占比（%）	频数	占比（%）	频数	占比（%）
户主年龄	30 岁以下	13	10.74	14	11.67	16	13.68	43	12.01
	30 ~ 39 岁	56	46.28	56	46.67	43	36.75	155	43.30
	40 ~ 49 岁	36	29.75	40	33.33	43	36.75	119	33.24
	50 岁以上	16	13.22	10	8.33	15	12.82	41	11.45
文化程度	小学	19	15.70	18	15	29	24.79	66	18.44
	初中	59	48.76	70	58.33	64	54.7	193	53.91
	高中	36	29.75	28	23.33	22	18.8	86	24.02
	大专及以上	7	5.79	4	3.33	2	1.71	13	3.63

二、农户家庭特征

样本农户家庭劳动力为 4 人的农户有 205 户，占 57.26%；3 人及以下、5 人及以上的分别占 35.47%、7.26%。户均劳动力 3.72 人，说明大多数农户是 "一对夫妻 + 一对老人 + 一个小孩" 的模式。在农户务农状态方面，高达 78.77% 的农户家庭处于兼业务农状态；17.32% 的农户没有务农，家庭劳动力都外出务工，把田地流转或由亲朋好友代耕；只有 3.91% 的农户在家务农。由此可见，目前农村从事农业的家庭比例非常低，绝大多数家庭不务农或兼业务农。在家庭年纯收入方面，首先，年纯收入 3 万 ~ 4 万元的家庭最多，占 43.85%。其次，4 万 ~ 5万元的家庭占 32.40%；2 万 ~ 3 万元的家庭占 14.80%；5 万元以上的家庭占 6.70%；2 万元以下的家庭占 2.23%。另外，家庭收入存在地域差异，经济较发达的长沙相比怀化而言，农户家庭收入明显要高（见表 4 - 3）。

表 4 - 3　调查农户家庭基本特征

题项	地区	长沙 （N = 121）		常德 （N = 120）		怀化 （N = 117）		合计 （N = 358）	
	选项	频数	占比（%）	频数	占比（%）	频数	占比（%）	频数	占比（%）
家庭劳动力数量	3 人及以下	56	46.28	41	34.17	30	25.64	127	35.47
	4 人	61	50.41	72	60.00	72	61.54	205	57.26
	5 人及以上	4	3.31	7	5.83	15	12.82	26	7.26
家庭务农状态	未务农	29	23.97	22	18.33	11	9.40	62	17.32
	兼业务农	85	70.25	95	79.17	102	87.18	282	78.77
	纯务农	7	5.79	3	2.50	4	3.42	14	3.91

续表

题项	地区	长沙（N＝121）		常德（N＝120）		怀化（N＝117）		合计（N＝358）	
	选项	频数	占比（%）	频数	占比（%）	频数	占比（%）	频数	占比（%）
家庭 年收入	2万元以下	1	0.83	2	1.67	5	4.27	8	2.23
	2万~3万元	11	9.09	16	13.33	26	22.22	53	14.80
	3万~4万元	50	41.32	54	45.00	53	45.30	157	43.85
	4万~5万元	46	38.02	41	34.17	29	24.79	116	32.40
	5万元以上	13	10.74	7	5.83	4	3.42	24	6.70

注：本书对家庭务农状态的分类，主要根据农业收入占家庭收入的比例以及家庭主要劳动力从事的工作性质。"未务农"指农业收入占家庭收入不足10%以及家庭主要劳动力从事非农行业；"兼业务农"指家庭主要劳动力既从事农业，又从事非农行业，农业收入占家庭年收入10%~90%；"纯务农"是指家庭主要劳动力从事农业，农业收入占家庭收入90%以上。

三、农户对家庭农场发展环境的感知

在调查农户对农村土地流转难易程度的看法中，三个调查地区56.42%的农户认为，土地流转比较难。尤其是怀化地区，认为土地流转比较难的农户高达63.25%。由此看来，尽管当前农村劳动力大量外出务工，但由于土地对农村人承担着生计的最后一道保障线，人们宁可抛荒弃种，也不愿意把它流转出去，尤其是长时间的流转。同时，调查数据也说明，经济越落后地区的农村，土地流转难度越大。在农业社会化服务水平方面，长沙21.49%的调查农户认为比较高，常德为14.17%，怀化仅为5.98%。总体来看，湖南省的农业社会化服务水平仍然比较低，经济欠发达地区的农业社会化服务水平更低。从调查农户就政府对发展家庭农场支持力度的感受来看，三个调查区域比较接近，长沙57.85%的调查农户认为政府对发展家庭农场支持力度比较低；常德为64.17%；怀化为62.39%（见表4-4）。

表4-4 调查农户对发展家庭农场外部环境的感知情况

题项	地区	长沙（N＝121）		常德（N＝120）		怀化（N＝117）		合计（N＝358）	
	选项	频数	占比（%）	频数	占比（%）	频数	占比（%）	频数	占比（%）
土地流 转难易度	较难	56	46.28	72	60.00	74	63.25	202	56.42
	一般	42	34.71	26	21.67	26	22.22	94	26.26
	较易	23	19.01	22	18.33	17	14.53	62	17.32

续表

题项	地区	长沙（N＝121）		常德（N＝120）		怀化（N＝117）		合计（N＝358）	
	选项	频数	占比（%）	频数	占比（%）	频数	占比（%）	频数	占比（%）
农业社会化服务水平	较低	45	37.19	52	43.33	51	43.59	148	41.34
	一般	50	41.32	51	42.50	59	50.43	160	44.69
	较高	26	21.49	17	14.17	7	5.98	50	13.97
政策支持力度	较低	70	57.85	77	64.17	73	62.39	220	61.45
	一般	40	33.06	37	30.83	38	32.48	115	32.12
	较高	11	9.09	6	5.00	6	5.13	23	6.42

四、农户对家庭农场的认知及创办意愿

关于农户对家庭农场认知及创办意愿这项统计（见表4－5），本书先调查农户对"家庭农场"这一新型农业经营主体的关注情况，在358户调查农户中，仅有18.16%的农户对家庭农场这一新型农业主体"比较关注"，33.24%的农户"偶尔关注"，"不关注"的农户高达48.6%，说明农户对"家庭农场"这一新鲜事物关注的程度并不高。接下来调查农户对"家庭农场"的认知程度，"较了解"的农户占19.27%，"了解一点"的农户占34.08%，近一半的农户对"家庭农场""不了解"。另外，在三个地区中，怀化地区的调查农户对"家庭农场"的认知程度最低。然后，本书从"较了解"以及"了解一点"的农户中调查认知"家庭农场"的渠道，在191户农户中，近一半是通过"电视、网络"认知"家庭农场"的，有43.46%的农户是通过"亲朋好友"认知的，而通过"村、镇宣传"认知"家庭农场"的仅为8.38%。

在创办家庭农场意愿方面，仅有24.58%的农户有创办家庭农场的意愿。在三个地区中，长沙市的调查农户创办意愿最高，比创办意愿最低的怀化市高出近10个百分点。总体来看，湖南省的农户创办家庭农场的意愿比较低。在创办家庭农场意愿的农户中，对创办家庭农场类型和家庭农场期望年收入进行了调查。在创办家庭农场类型方面，在88户有创办家庭农场意愿的农户中，一半以上选择创办养殖类型家庭农场，果蔬种植、谷物种植类型的分别是23.86%、11.36%。值得注意的是，以平原地形为主的常德市，样本农户创办谷物种植类型家庭农场的占20%，比以丘陵地形为主的长沙市和以山地地形为主的怀化市，高出10多个百分点。由此看来，选择谷物种植类型的家庭农场可能与当地地形

相关联。但总体而言，在湖南省政府鼓励创办水稻种植类型家庭农场的背景下，农户创办谷物种植类家庭农场的意愿非常低，更多的选择创办养殖类家庭农场。在家庭农场期望年收入方面，近一半的样本农户选择20万~40万元，44.32%的样本农户选择20万元以内，9.09%的样本农户选择在40万元以上，基本符合家庭农场的特征，即家庭农场年收入相当或略高于城市一般家庭收入。

表4-5 调查农户对家庭农场的认知及创办意愿情况

题项	地区	长沙		常德		怀化		合计	
	选项	频数	占比（%）	频数	占比（%）	频数	占比（%）	频数	占比（%）
关注情况	不关注	62	51.24	55	45.83	57	48.72	174	48.60
	偶尔关注	40	33.06	39	32.50	40	34.19	119	33.24
	较关注	19	15.70	26	21.67	20	17.09	65	18.16
认知程度	不了解	49	40.50	52	43.33	66	56.41	167	46.65
	了解一点	46	38.02	40	33.33	36	30.77	122	34.08
	较了解	26	21.49	28	23.33	15	12.82	69	19.27
认知渠道	亲朋好友	29	40.28	30	44.12	24	20.51	83	43.46
	电视、网络	35	48.61	28	41.18	23	19.66	86	45.03
	村、镇宣传	6	8.33	7	10.29	3	2.56	16	8.38
	其他	2	2.78	3	4.41	1	0.85	6	3.14
发展意愿	愿意	35	28.93	30	25.00	23	19.66	88	24.58
	不愿意	86	71.07	90	75.00	94	80.34	270	75.42
创办类型	谷物种植	3	8.57	6	20.00	1	4.35	10	11.36
	果蔬种植	7	20.00	6	20.00	8	34.78	21	23.86
	养殖型	20	57.14	16	53.33	10	43.48	46	52.27
	其他	5	14.29	2	6.67	4	17.39	11	12.50
期望年收入	20万元以内	14	40.00	13	43.33	12	52.17	39	44.32
	20万~40万元	17	48.57	14	46.67	10	43.48	41	46.59
	40万元以上	4	11.43	3	10.00	1	4.35	8	9.09

注：①"认知渠道"这项统计，只统计认知程度是"了解一点"及"较了解"的样本农户，总计191户。其中，长沙72户、常德68户、怀化51户。②"创办类型"与"期望年收入"这两项统计，只对有发展家庭农场意愿的样本农户进行统计，即88户。其中，长沙35户、常德30户、怀化23户。

五、农户愿意（不愿意）创办家庭农场理由

在88户有创办家庭农场意愿的样本农户中，创办家庭农场的主要理由及被

选择的频次从高到低依次是"自己创业,比打工自由且有成就感"72 次;"方便在家照顾老人与小孩"63 次;"比外出打工更赚钱"61 次;"有人在做经营家庭农场,觉得大有可为"51 次;"目前城市就业形势不太好,回乡创业也不错"31 次。由此看来,创办家庭农场作为一种创业方式,比外出打工更自由,更能赚钱,还方便照顾家人,这是农户愿意创办家庭农场的主要原因。在 270 户没有创办家庭农场意愿的样本农户中,不创办家庭农场的主要理由及被选择的频次从高到低依次是:"土地流转太难"232 次;"资金不足,贷款太难"217 次;"搞农业没前途、不体面"212 次;"担心销路、风险太高"161 次;"没有掌握农业技术"140 次;"政府对农业补贴太低"133 次。由此可见,农户不愿意创办家庭农场的原因主要是担心土地流转、资金获取、农产销路的问题。另外,认为搞农业没前途、不体面也是重要的原因(见表 4-6)。

表 4-6 农户创办(不创办)家庭农场的理由统计

愿意创办的理由	频次	不愿意创办的理由	频次
比外出打工更赚钱	61	搞农业没前途、不体面	212
自己创业,比打工自由且有成就感	72	没有掌握农业技术	140
方便在家照顾老人与小孩	63	缺乏创业及经商能力	101
掌握了农业专业技术	21	担心销路、风险太高	161
有人在经营家庭农场,觉得大有可为	51	资金不足,贷款太难	217
目前城市就业形势不太好,回乡创业也不错	31	土地流转太难	232
政府对搞农业有补贴	21	政府对农业补贴太低	133
其他	22	其他	52

注:本项调查为多项选择题。

第三节 实证分析

一、研究假设

农户是独立的经济主体,作为理性"经济人",追求收益最大化,是农户家庭的必然选择。在政府积极推动家庭农场发展的背景下,农户是否愿意发展家庭农场,取决于对家庭农场的期望收入与机会成本的比较:当家庭农场的期望收入大于机会成本时，农户会愿意在家发展家庭农场；否则，不愿意。另外，发展家庭农场的意愿是一个农户家庭成员集体决策的结果，体现了农户在比较期望收入与机会成本的基础上，权衡各种因素后的反映。这些因素主要取决于户主个体特征、家庭特征和发展家庭农场的外部环境。

（一）户主个体特征包括年龄和文化程度

第一，不同的年龄阶段，因其生理和心理的差异，对新事物的接受程度有所不同。年轻人充满活力，敢于尝试，容易接受新事物。而年龄越大，由于体能下降，思想偏向保守，发展家庭农场的意愿则越低。

第二，一般认为，文化程度越高，视野越开阔，学习能力越强。家庭农场作为新型的农业经营模式，农场主需掌握和学习先进的农业技术，通晓经营管理，善于获取市场信息，这就要求具备较高的文化素质。文化程度太低，无法达到发展家庭农场所需的文化要求，显得"高不可攀"，发展意愿就越低。由此有：

假设1：在户主个体特征中，年龄对农户发展家庭农场意愿有负向影响，文化程度对其有正向影响。具体而言，户主越年轻，文化程度越高，发展家庭农场的意愿越强。

（二）家庭特征包括务农状态、家庭劳动力数量、家庭年纯收入、社会关系

第一，农户的务农状态包括未务农、兼业务农和纯务农。随着我国大量农村劳动力进城务工，留下妇女、老人、小孩在家务农，兼业务农成为绝大多数农户的选择。也有部分农户把田地流转出去或由他人代耕，收入来源依靠第二、第三产业，与土地的联系渐渐疏远。而少部分纯务农农户，由于农业是其主要收入来源，为了获取更高的收入，他们需要扩大农业经营规模，以提高产量和收益，有强烈的发展家庭农场的意愿。

第二，尽管家庭农场是集约化经营，但经营家庭农场，仅靠农场主一个人的力量显然不够，而雇用非家庭成员的劳动力，将产生大量的监督成本及交易费用。因此，家庭劳动力越多，发展家庭农场越有优势。

第三，发展家庭农场，需要较高的起始资本。家庭年纯收入越高，越易积累起始资本。反之，在难以获取银行贷款的情况下，家庭年纯收入越低，积累起始资本越难，即使有发展家庭农场的意愿，也只能是"望钱兴叹"。

第四，由于我国社会较为典型的"熟人关系"特质，在发展家庭农场过程中，农户通过人脉关系，亲帮亲，戚帮戚，讲人情开后门，能够获得更多的扶持资金和产品销售渠道。通过以上分析，本书提出：

假设2：农户的年纯收入、家庭劳动力数量对发展家庭农场的意愿有正向影

响。相比未务农和兼业农户，纯农户发展意愿更强烈。拥有一定社会关系的农户，发展家庭农场的意愿更强。

（三）外部环境决定了发展家庭农场的成本和收益

第一，家庭农场以一定土地规模为前提，由于我国人多地少的国情及土地集体所有制性质，只能通过流转获得土地。土地流转包括两个方面的要求：一是转入的土地面积要达到家庭农场最低规模；二是有最低的期限，一般不能低于三年，否则影响家庭农场发展的稳定性。

第二，农业社会化服务指当地社会经济组织为农业提供的产前、产中、产后的一体化服务。当地的农业社会化服务水平，决定了家庭农场获取农业专业服务的便捷程度和生产成本。

第三，政策支持是当地政府为推动家庭农场发展，制定的基础设施建设、农技推广、资金投入等有关的扶持政策与措施。完善的农业社会化服务和较好的政策支持，能减少家庭农场的成本，降低市场和自然双重风险，为家庭农场的发展保驾护航。因此有：

假设3：发展家庭农场的外部环境对农户发展家庭农场意愿有正向影响。具体而言，土地流转越容易、农业社会化服务水平越高、政策支持力度越大，农户发展家庭农场的意愿越强。

二、计量模型

根据上文的分析，解释变量是农户发展家庭农场的意愿，受户主个体特征、家庭特征、外部环境等因素的影响，其函数形式可以设定为：

$$y = \beta_0 + \beta_1 x_1 + \beta_2 x_2 + \cdots + \beta_{11} x_{11} \qquad (4-1)$$

其中，当农户愿意发展家庭农场时，$y = 1$；反之，则 $y = 0$。x_1，x_2，$\cdots x_{11}$ 表示反映户主个体特征、家庭特征及外部环境的变量。

本书的因变量为农户发展家庭农场意愿，有"愿意"和"不愿意"两种情况，属于二元选择问题，故采用二元 Logistic 模型进行分析，即：

$$p_i = F\left(\alpha + \sum_{j=1}^{m} \beta_{ji} x_j\right) = 1 / \left\{1 + \exp\left[-\left(\alpha + \sum_{j=1}^{m} \beta_{ji} x_j\right)\right]\right\} \qquad (4-2)$$

对式（4-2）取对数，整理得到：

$$\ln \frac{p_i}{1 - p_i} = \alpha + \sum_{j=1}^{m} \beta_i x_j \qquad (4-3)$$

其中，P_i 表示第 i 个农户愿意发展家庭农场的概率，x_j 表示第 j 个影响农户发展家庭农场意愿的自变量，各变量具体描述如表4-7所示。

表4-7　模型变量定义与描述性统计

变量名称	变量定义及赋值	均值	标准差
被解释变量			
发展意愿（y）	愿意=1；不愿意=0	0.25	0.43
解释变量			
户主个体特征			
30～39岁（x_1）	以30岁以下为对照组，30～39岁=1，其他=0	0.43	0.50
40～49岁（x_2）	以30岁以下为对照组，40～49岁=1，其他=0	0.34	0.47
50岁以上（x_3）	以30岁以下为对照组，50岁及以上=1，其他=0	0.11	0.31
文化程度（x_4）	小学=1；初中=2；高中=3；大专及以上=4	2.13	0.74
农户家庭特征			
务农状态（x_5）	未务农=1；兼业务农=2；纯务农=3	1.87	0.44
家庭劳动力（x_6）	家庭实际劳动力数（人）	3.72	0.59
家庭年纯收入（x_7）	2万元以下=1；2万～3万元=2；3万～4万元=3；4万～5万元=4；5万元以上=5	3.27	0.87
家庭社会关系（x_8）	是否有亲戚朋友为村干部或公务员，无=0；有=1	0.24	0.43
外部环境			
土地流转难易程度（x_9）	较难=1；一般=2；较易=3	1.75	0.62
农业社会化服务水平（x_{10}）	较低=1；一般=2；较高=3	1.69	0.55
政策支持力度（x_{11}）	较低=1；一般=2；较高=3	1.60	0.54

三、模型估计结果与分析

把358个农户的样本数据输入Stata11计量软件中，运用Logistic模型进行回归分析，估计结果见表4-8，模型1为全部变量纳入模型的结果，模型2为全部变量显著的估计结果。从估计结果来看，模型整体拟合效果较好，模型估计结果分析如下：

（一）户主个体特征的影响

1. 户主年龄

户主年龄对发展家庭农场意愿的影响存在差异。30～39岁年龄段变量在模型1和模型2均通过1%水平的显著性检验且系数为正，而40～49岁和50岁以上年龄段变量在两个模型中都没有通过显著性检验，表明户主年龄对农户发展家庭农场意愿的影响存在差异。相对于 30 岁以下的户主来说，户主年龄为 30 ~ 39 岁的农户发展家庭农场意愿更强，模型 2 结果显示，愿意发展家庭农场的发生比是户主年龄为 30 岁以下农户的 6.4 倍；40 ~ 49 岁和 50 岁以上年龄段变量在两个模型中系数为负，表明以 40 岁为界点，户主年龄越大，农户发展家庭农场意愿越低。究其原因，本书认为，对于年轻的户主来说，随着工作年限的增长和经验的积累，其掌握的技能和家庭资本随之不断增加，为发展家庭农场提供了经验和起始资金。另外，在新生代农民工城市迁移成本提高的情况下（李强，2014），随着子女进入到上学年龄阶段以及父母逐年变老，为了方便照顾家庭，回乡发展家庭农场是两全的选择。40 岁以上的户主，随着体能的减弱和思想趋于保守，规避风险意识增强，从而不愿冒险发展家庭农场。

2. 文化程度

文化程度是影响发展家庭农场意愿的重要因素。文化程度变量在模型 1 和模型 2 中分别通过了 5% 和 1% 水平的显著性检验，回归系数为正。表明户主文化程度越高，发展家庭农场意愿越强，这与预期一致。原因在于家庭农场是专业化生产、企业化管理模式，要求家庭农场主必须是多面手，除了会种地之外，还会修理和操纵各种现代化农业机械，同时也懂会计和投资。从发达国家来看，家庭农场主文化素质都比较高。因此，家庭农场发展要求农场主必须具备较高的文化程度。

（二）家庭特征的影响

1. 家庭务农状态

家庭务农状态是影响发展家庭农场意愿的重要因素。务农状态在两个模型中均通过了 1% 水平的显著性检验，回归系数为正。表明越接近纯务农的农户，发展家庭农场的意愿越强，这一结果与前文研究假设一致。

2. 家庭劳动力

家庭劳动力变量没有通过显著性检验，结果和预期不一致，原因可能是不同于传统"躬耕于田亩"的小农模式，家庭农场作业由农业机械来完成。播种机、收割机等各种农业机械的普及，大大减轻了劳动强度，提高了劳动效率。家庭农场成员要做的，只是操作机械，甚至是电脑遥控机械。像法国的家庭农场，户均劳动力才 1.5 人。显然，这对于一般家庭来说不是问题。

3. 家庭年纯收入

家庭年纯收入对农户发展家庭农场意愿有重要影响。家庭年纯收入变量在模型 1 和模型 2 中均通过了 1% 水平的显著性检验，回归均系数为正，表明在其他条件不变的情况下，家庭年纯收入越高，发展家庭农场意愿越强，并且家庭年纯收入每提高一个档次，农户愿意发展家庭农场的发生比增加 94%，原因是年纯收入低的家庭，储蓄率也很低，难以积累发展家庭农场所需资金。相比而言，年纯收入高的家庭，尽管消费很多，但由于边际消费倾向递减，储蓄率依然较高。因此，年纯收入越高的家庭，越容易积累起始资本来发展家庭农场。

4. 家庭社会关系

家庭社会关系变量没有通过显著性检验，这一结果和预期不一致。对此可能的解释是，随着当前国家坚定不移地惩治腐败，反腐行动取得一定震慑效果，社会风气朝着积极的方向发展。农户相信不用依靠徇私舞弊，拉关系、走后门等人情关系来发展家庭农场，对依法办事的"法治社会"信心高涨。

（三）外部环境的影响

1. 土地流转难易程度

土地流转难易程度是影响发展家庭农场意愿的重要因素。这一变量在两个模型中均通过了 5% 水平的显著性检验，回归系数为正，表明在其他条件不变的情况下，流转入土地越容易，农户发展家庭农场的意愿越强。模型 2 显示，土地流转难易程度每增加一个档次，农户愿意发展家庭农场的发生比增加 69.9%，这一结论证实了前文的研究假设。

2. 农业社会化服务水平

农业社会化服务水平对农户发展家庭农场意愿有显著的正向影响。农业社会化服务水平变量在两个模型中均通过了 1% 水平的显著性检验，表明在其他条件不变的情况下，农业社会化服务水平越高，农户发展家庭农场的意愿越强。模型 2 显示，农业社会化服务水平每增加一个档次，农户愿意发展家庭农场的发生比增加 1 倍多，这一结论与前文的研究假设一致。

3. 政策支持力度

政策支持力度对农户发展家庭农场意愿有重要影响。该变量在两个模型中均通过了 10% 水平的显著性检验且回归系数为正，表明在其他条件不变的情况下，政策支持力度越大，农户发展家庭农场的意愿越强。模型 2 显示，政策支持力度每增加一个档次，农户愿意发展家庭农场的发生比增加 71.3%，这一结论与杨倩倩（2009）的研究结论基本一致。

表4-8 农户发展家庭农场意愿的二元 Logistic 模型估计结果

变量	模型1				模型2			
	回归系数	标准误	显著性水平	发生比率	回归系数	标准误	显著性水平	发生比率
常数项	-13.006	2.118	0.000	0.000	-12.062	1.623	0.000	0.000
户主个体特征								
30~39岁（x_1)	1.575***	0.579	0.006	4.833	1.864***	0.339	0.000	6.446
40~49岁（x_2)	-0.179	0.705	0.800	0.836	—	—	—	—
50岁以上（x_3)	-1.786	1.315	0.174	0.168	—	—	—	—
文化程度（x_4)	0.605**	0.284	0.033	1.831	0.710***	0.247	0.004	2.035
农户家庭特征								
务农状态（x_5)	1.513***	0.421	0.000	4.540	1.398***	0.392	0.000	4.045
家庭劳动力数（x_6)	0.319	0.311	0.305	1.376	—	—	—	—
家庭年纯收入（x_7)	0.612***	0.205	0.003	1.843	0.664***	0.198	0.001	1.942
家庭社会关系（x_8)	0.457	0.421	0.182	1.580	—	—	—	—
外部条件								
土地流转难易度（x_9)	0.560**	0.342	0.023	1.750	0.530**	0.242	0.029	1.699
社会化服务水平（x_{10})	0.842***	0.247	0.008	2.321	0.835***	0.308	0.007	2.305
政策支持力度（x_{11})	0.557*	0.316	0.057	1.745	0.528*	0.286	0.060	1.713
Pseudo R^2	0.3107				0.2978			
Log likelihood	-137.6105				-140.19159			
LR chi2	124.08				118.92			
Prob > chi2	0.0000				0.0000			
Number of obs	358				358			

注：***、**、*分别表示在1%、5%、10%水平下显著。

第四节 简要结论

通过对代表湖南省不同经济发展程度的长沙市、常德市、怀化市的358户农户进行调研，结果表明，仅24.58%的农户有意愿发展家庭农场。总体而言，湖南省的农户发展家庭农场意愿不高，与湖北省的48.6%、东部沿海省份的61%存在较大差距。运用二元 Logistic 模型对影响农户发展家庭农场意愿的因素进行分析，研究表明，户主的年龄、文化程度、家庭的务农状态、年纯收入、土地流转难易程度、农业社会化服务水平、政策支持力度等对农户发展家庭农场的意愿有重要影响。其中，户主年龄对农户发展家庭农场意愿存在差异，30~39岁年龄段发展意愿最强；文化程度、务农状态、家庭年纯收入、农业社会化服务水平、土地流转难易程度对农户发展家庭农场有显著正向影响，农户的家庭劳动力数量和社会关系对其影响不显著。

根据上述实证研究结论，各级政府部门在积极引导发展家庭农场的过程中，应注意以下五点：

第一，加大家庭农场宣传。提高农民对家庭农场的身份、性质的认知，工商、农业等有关部门可利用宣传单、报纸、网络、黑板报等形式，对家庭农场的标准认定、登记程序、扶持政策等方面进行广泛宣传；鼓励大学毕业生、外出务工农民回乡创办家庭农场。

第二，培育职业家庭农场主。传统农业是经验型农业，而家庭农场则是广泛应用现代科学技术和管理方法的现代农业经营模式，它的主要标志是采用先进的生产技术、经营方式和管理手段。为提高家庭农场主的农业技能，政府有关部门综合运用现场培训、集中办班、入户指导、田间咨询等多种方式，普及家庭农场农业技术和管理方法，造就有文化、懂技术、会经营、善管理的职业家庭农场主。

第三，健全农业社会化服务体系。扶持当地发展农机、植保等专业化服务组织；健全乡镇农技站管理体制，提高服务水平；推进电子商务发展，引导发展一批农业电商企业。

第四，规范推进土地流转。探索建立土地流转双方的价格协调机制、利益联结机制和纠纷调解机制，促进土地的流转稳定和连片集中，搭建土地流转交易平台，破解家庭农场发展的瓶颈。

第五，创新农业信贷和保险机制。家庭资本需达到一的定规模，才能跨过家庭农场的初始创业门槛。为解决发展家庭农场资金问题，除了为家庭农场提供农业补贴之外，还要加大对金融机构的引导和支持，开发满足家庭农场发展需求的信贷产品；设立政策性农业保险公司，探索农业巨灾风险分散机制。

第五章 扶持政策对家庭农场
经营绩效的影响

近几年的中央农村工作会议多次提出，要充分发挥多种形式农业适度规模经营在结构性改革中的引领作用，农业支持政策要向规模经营主体倾斜。为扶持家庭农场的发展，湖南省各级政府制定了一系列扶持政策。那么，扶持政策对家庭农场的经营绩效有什么影响？驱动机制是什么？首先，本章对湖南省家庭农场扶持政策做简要概述；其次，在调查的基础上，结合相关的研究成果，构建结构方程模型（SEM），实证分析扶持政策对家庭农场经营绩效的影响及驱动机制。

第一节 湖南省家庭农场扶持政策概述

在中央政策的指引下，湖南省政府重视家庭农场的发展，先后制定了一系列扶持家庭农场发展的政策文件。2014年9月，湖南省农业委员会、省财政厅发布了《湖南省培育扶持10000户家庭农场实施方案》；2015年12月，湖南省政府发布《关于加快培育发展家庭农场的意见》。各市、县（区）政府结合当地实际，积极落实家庭农场扶持措施，主要包括以下五个方面：

一、财政资金补贴

一方面，除了发放种粮补贴、农资综合补贴、农机购置补贴、生猪养殖补贴等各项国家政策规定的涉农补贴以外，湖南省对耕地流转费、田间基础设施建设、集中育秧与机插秧、晒场（烘干、仓储设备）建设等项目给予财政补贴。另一方面，财政厅划拨家庭农场专项补贴，补贴办法是每年给予每户家庭农场10000元补贴，在下一年度根据各地实际种植规模及发放情况统一清算。此外，从2014年开始，政府按每亩耕地每年100元的标准给予家庭农场土地流转补贴，补贴时间暂定三年。

二、推动土地流转

一是加快农村土地承包经营权确权、登记、颁证工作；二是坚持依法、自愿、有偿原则，在县、乡政府监管下，村委会统一组织、协调流转农民承包地，把土地优先流转给家庭农场；三是建立县、乡、村三级土地流转服务站，开展流转供求信息、价格协调等服务；四是制定土地流转风险保障金和补贴制度，化解土地流转中的矛盾，引导农场主根据自身实力和需要流转土地。

三、家庭农场主培训

建立家庭农场主培训制度，积极开展职业技能培训、农业创业培训和农业实用技术培训，提高家庭农场经营能力。利用阳光工程培训项目，分级开展培训，其中，省级每年培训农场主1000名，选送省级示范性家庭农场主到高等院校培训。另外，积极引导和支持本地户籍的大中专毕业生到家庭农场工作。

四、农业技术指导

省、市农业农村（畜牧）主管部门建立专家联系省级示范性家庭农场制度，县乡农业农村（畜牧）部门根据家庭农场种养情况，实行一个农场由一名领导、一名农技员定点服务，及时为家庭农场提供信息服务和临场指导，指导使用先进农业生产技术和新型农业机械操作。

五、农业社会化服务体系建设

各级农业农村部门开展了辖区内家庭农场基本信息登记工作，逐级建立家庭农场数据库系统和电子商务网络。积极推行耕作、育苗、植保、收割、烘干、包产包销的全程社会化服务，努力实现家庭农场生产的优质产品销售畅通。

第二节　扶持政策对家庭农场经营绩效影响的实证分析

一、研究方法

在社会科学研究中，有许多无法直接测量的变量，例如，企业家才能、忠诚度、满意度等，这种变量称为潜在变量。为了测量这种潜在变量，可以利用多重外显可观测的变量进行间接的测量。传统的统计方法难以处理这些统计变量，而结构方程模型能够同时处理潜在变量与观测变量。近些年，结构方程模型逐渐在心理学、经济学、社会学、教育学、医学等领域普及应用。越来越多的研究者构建结构方程模型，试图分析潜在变量之间的影响路径和方向，通过提出假设关系，进而搜集数据资料加以验证。考虑到本书的家庭农场真实财务数据涉及其商业机密，难以获取，本书对家庭农场的经营绩效采用主观评价的方法。另外，由于目前家庭农场的扶持政策实施时间不长，为方便资料搜集，同样采用主观评价的方法。因此，本书采用结构方程模型是较理想的选择。

（一）结构方程模型的概念及原理

结构方程模型（Structural Equational Modeling，SEM）是结合路径分析与因素分析的一种技巧。20世纪70年代，瑞典统计学家 Karl Jorekog 提出相关概念，并开发 LISREL 软件，使结构方程模型的应用越来越广泛，逐渐成为社会科学研究者必备的研究方法。结构方程模型又称变数结构分析（Covariance Structure Analysis）、动差结构分析（Analysis of Moment Structure）或共变数结构模型（Covariance Structure Modeling）。一个结构方程模型由一个或多个变异数及共变异数的方程式组成，这些方程式以圆形的方式表达，并提供一个清晰的理论基础，表达变量之间的关系。

结构方程模型的建模可以分解成两部分：一是测量模型，用以描述观测变量与潜变量之间的关系；二是结构模型，用以分析理论上潜变量之间的关系（见图5－1）。

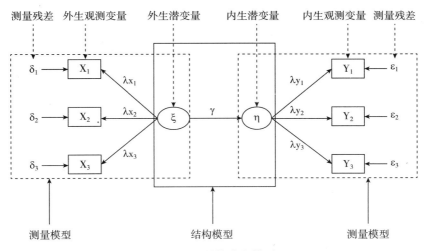

图 5 - 1　结构方程模型

如图 5 - 1 所示，测量模型的回归方程式为：

$$x = \Lambda_x \xi + \delta \tag{5-1}$$

$$y = \Lambda_y \eta + \varepsilon \tag{5-2}$$

其矩阵表达式为：

$$\begin{bmatrix} X_1 \\ X_2 \\ X_3 \\ X_4 \end{bmatrix} = \begin{bmatrix} \lambda_{11} & 0 \\ \lambda_{21} & 0 \\ 0 & \lambda_{32} \\ 0 & \lambda_{42} \end{bmatrix} = \begin{bmatrix} \xi_1 \\ \xi_2 \end{bmatrix} + \begin{bmatrix} \delta_1 \\ \delta_2 \\ \delta_3 \\ \delta_4 \end{bmatrix} \tag{5-3}$$

其中，x 表示外生指标组成的向量；y 表示内生指标组成的向量；Λ_x 表示外生指标与外生潜变量之间的关系；Λ_y 表示内生指标与内生潜变量之间的关系；ξ 表示外因潜变量；η 表示内因潜变量；δ 表示外生指标 x 的误差项；ε 表示内生指标 y 的误差项。

结构模型的回归方程为：

$$\eta = \beta\eta + \Gamma\xi + \zeta \tag{5-4}$$

其矩阵表达式为：

$$\begin{bmatrix} \eta_1 \\ \eta_2 \end{bmatrix} = \begin{bmatrix} 0 & 0 \\ \beta_{21} & 0 \end{bmatrix} \begin{bmatrix} \eta_1 \\ \eta_2 \end{bmatrix} + \begin{bmatrix} \gamma_{11} & \gamma_{21} \\ 0 & 0 \end{bmatrix} \begin{bmatrix} \xi_1 \\ \xi_2 \end{bmatrix} + \begin{bmatrix} \xi_1 \\ \xi_2 \end{bmatrix} \tag{5-5}$$

其中，η 和 ξ 分别为内因潜变量与外因潜变量；β 为路径系数，表示内生潜变量之间的关系；Γ 为路径系数，表示外生潜变量对内生潜变量的影响；ζ 为结构方程的残差项。

（二）结构方程模型的优点

结构方程模型类似多元回归，却具有更强的分析能力，其优点如下：第一，一般回归分析或路径分析是分开计算其回归系数或路径系数，从而忽略了因变数之间的影响，而结构方程模型可以同时处理多个因变数。第二，可同时估计结构模型与测量模型，能够兼顾其他因素之间的相互影响，并提供估计整体模型的拟合评估。第三，利用多指标测量系统作为潜在因素的估计，允许自变数与因变数包含测量误差，以减小传统分析利用平均数估计所造成的误差。第四，可同时执行跨群组的系数比较，能够处理时间序列、不完整资料、非常态资料等复杂的资料，可以比较不同的竞争模型，以确定模型的稳定性，使分析更具强韧性。第五，结构方程模型利用验证式因素分析，能够降低衡量的误差。具有弹性的残差结构塑模，可单独估计某些参数，并将因素负荷量和更佳的潜在变量以及多元相关一并估算，显然比单独评估回归系数更具说服力。第六，当估计一组结构方程式的系数时，模型的潜在变量可以是连续尺度，也可以是非连续尺度（如类别或顺序尺度），对结构模型中阶层式的资料也可以分析。第七，传统的路径分析只估计每一条路径（变量之间的关系）的强弱，而结构方程模型分析中，除了估计参数之外，还可以计算不同模型的同一数据的整体拟合程度，从而判断哪一个模型更接近数据所呈现的关系。

　　综上所述，结构方程模型的主要优点在于能够提供更全面的信息，包括所在参数的评估（结构系数及衡量系数）、R－square、整体适合度指标。另外，它的分析结果可以重制共变异数矩阵及统计模型的细节，方便读者翻阅和查证作者文章的原始数据。

　　（三）结构方程模型的分析步骤

　　结构方程模型的分析遵循严格的步骤，本书采用 AMOS22.0 软件和 SPSS22.0 软件作为资料的分析工具，其分析步骤包括理论假设、界定测量模型、界定结构模型、采集数据、数据信度与效度以及因素相关分析、验证性因素分析及模型拟合测评、模型修正、模型分析结果解释八个主要步骤，整个流程见图 5－2。

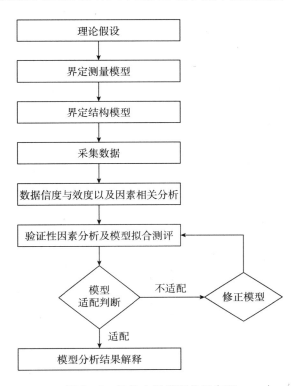

图 5－2　结构方程模型分析步骤

二、研究假设及模型建立

庇古较早关注了政策扶持对企业发展的重要性，他认为，企业的发展存在外部经济效应时，政府应当给予补贴，即"庇古税"理论。De Long（1991）的研究证明，补贴有利于企业的发展，尤其将补贴用于机械设备方面所产生的效果更明显。Tzelepis（2004）在研究了希腊的投资补贴后发现，虽然投资补贴不能提高企业的获利能力，但会产生很大的自由现金流，提高企业的偿债能力。郭建宇等（2009）的研究表明，政策扶持可以帮助农业龙头企业更新设备、引进技术、增加企业资本积累，进而提高其经营绩效。李道和等（2011）的研究也证明了税收减免、贷款贴息等扶持政策对农业龙头企业的绩效有正向影响。参考上述相近研究，本书提出如下假设：

假设1：扶持政策对家庭农场经营绩效有直接正向影响。

扶持政策的实施需要借助多种政策工具的支持及互相配合来改善企业的经营环境，以减少企业的经营成本。就涉农企业（包括家庭农场）而言，当前发达国家（如美国、法国、日本）主要从农技培训、税收优惠、贴息贷款、农机（农资）直补等方面进行支持。Iastrakhana（2003）的研究表明，中小企业的顺利发展需要政府在教育培训、税收、融资环境等方面的支持，政府的扶持政策能够优化企业经营环境，其支持力度决定了中小企业的生存条件。与城市中小企业相比，农村中小企业的基础薄弱，位置分散，建立信息支持网络的成本高，金融服务不全面。只有通过实施扶持政策，才能改善农村中小企业的经营环境（Tehrani M.，2003）。

企业家才能是指企业家经营企业的组织能力、管理能力与创新能力。家庭农场主的企业家才能发挥，要求在家庭农场经营过程中所表现出来的组织、管理与创新能力以及根据经营环境的变化来进行战略调整的能力。而政府的扶持政策，改善了家庭农场的经营环境，只有家庭农场主的企业家才能施展有更好的"用武之地"。同时，通过培养有文化、懂技术、会经营的现代职业农民的培训支持，可以提高家庭农场主的企业家才能（纪志耿等，2014）。因此，本书提出如下假设：

假设2：扶持政策对家庭农场主的企业家才能有直接正向影响。

假设3：扶持政策对家庭农场经营环境有直接正向影响。

家庭农场的成功经营，除了土地、资本、劳动三大基本要素以外，企业家才能是至关重要的第四个要素。可以说，企业家才能对新创企业的绩效来说是最关键的（Ucbasaran D.，2004）。杨学儒（2013）通过实证检验发现，创业者学历水平、高层管理经验、类似行业经验、先前创业经历对农业创业企业的成长与绩效具有显著正向作用。兰勇（2015）的研究同样表明，农场主先前经历对家庭农场经营种类选择和经营绩效有显著影响。家庭农场主具备较强的市场洞察能力、综合管理能力、资源整合能力等企业家才能，势必对家庭农场绩效的提升产生明显效果。

从理论上来讲，良好的企业经营环境，通过两种机制对企业绩效产生影响：投资诱导机制与利润增长机制。经营环境的每一个因素代表着一个诱导因子，各因子诱导力的交织作用，导致了资本空间转移的不同流向、速度和规模，从而产生诱导效应（贾晓霞，2004）；利润增长机制则主要与经营环境中涉及成本的构成要素有关，它使投资者对未来收益的实现程度形成稳定的预期。有效的扶持政策，通过改善企业的经营环境，可以降低企业交易成本，提高经营利润。学者的研究对此提供了证据支持。例如，Dollar（2003）基于中国23个城市的调查数据进行检验表明，投资环境对企业层面的经济绩效有重要影响，其中，融资可获得性在决定企业绩效上扮演了重要角色。谢海东（2006）的研究同样证实了经营环境优越的地区，民营企业获得了更高的经营绩效。由此，本书提出如下假设：

假设4：企业家才能对家庭农场经营绩效有直接正向影响。

假设5：经营环境对家庭农场经营绩效有直接正向影响。

同时，通过上述分析，本书认为，政策扶持通过提高企业家才能以及改善家庭农场经营环境，从而提高家庭农场经营绩效，故提出：

假设6：政策扶持通过企业家才能的中介效果对经营绩效有正向影响。

假设7：政策扶持通过经营环境的中介效果对经营绩效有正向影响。

鉴于政策扶持对家庭农场经营绩效的影响是双重的，既有直接的作用，又有间接的作用，即政策扶持既对家庭农场经营绩效直接产生影响，也通过以企业家才能和经营环境为中介变量的路径，对家庭农场经营绩效间接产生影响。为此，本书构建政策扶持对家庭农场经营绩效影响机制的结构方程模型（见图5-3），对研究假设进行验证。

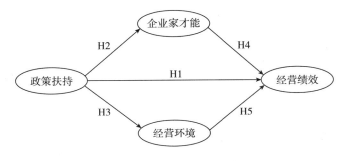

图5-3　理论模型及研究假设

三、数据采集

（一）问卷设计

本问卷内容量表设计包括两部分：第一部分是家庭农场主与家庭农场基本信息，包括家庭农场主年龄、学历、家庭特征、家庭农场类型、土地规模等（见表5-1）；第二部分包括政策扶持、企业家才能、经营环境、经营绩效四个潜变量的题项（见表5-2）。为确保测量工具的信度及效度，本书的构面题项借鉴国内外现有文献已使用过的量表，并结合特定对象和目的加以适当修改。在问卷定稿与正式调查之前，先在部分家庭农场进行了预调查，以评估问卷设计及用词的恰当性，并根据预试者反馈的意见对问卷进行了修改，最后确定了题项。

表5-1 样本信息整理表

统计项目	类别	实地调研	培训班	χ^2 值	P 值
年龄	30 岁以下	9	10	4.221	0.203
	31~40 岁	31	33		
	41~50 岁	75	79		
	51 岁及以上	33	31		
受教育程度	初中及以下	36	29	5.117	0.109
	高中（中专）	79	87		
	专科	28	34		
	本科及以上	5	3		
家庭农场类型	粮食种植型	35	25	—	—
	果蔬园艺型	40	59		
	养殖型	55	58		
	种养结合型	18	11		
土地规模	100 亩以下	28	21	2.887	0.311
	100~200 亩	66	68		
	200 亩以上	54	64		
农场年收入利润	15 万元以下	79	61	9.033	0.065
	15 万~30 万元	49	62		
	30 万元以上	20	30		

表5-2　问卷设计题项及参考来源

潜变量	题项编号	问题陈述	参考来源
政策扶持	PS1	当地政府给予了财政补贴	李道和等
	PS2	当地政府给予了土地流转服务	
	PS3	当地政府给予了技术培训支持	
	PS4	当地政府给予了借贷优惠	
	PS5	当地政府给予了信息服务	
企业家才能	EB1	我善于抓住商业机会	朱红根等
	EB2	我能够判断市场各种变化而制订应对方案	
	EB3	我善于处理人际方面的关系	
	EB4	我善于总结决策的成功与失败之处	
	EB5	我能很好地辨别市场中的风险	
经营环境	OE1	您能够获取市场供求信息	Luo 和 Griffith
	OE2	您能够较容易雇用到短期劳动力	
	OE3	您能够获取家庭农场技术培训	
	OE4	您能够较容易获取到运营资金	
	OE5	您能够流转到所需的土地	
	OE6	您能够得到农业技术专家的指导	
经营绩效	EP1	您的家庭农场利润可观	Geyskens 和 Steenkamp
	EP2	您的家庭农场投资回报率较好	
	EP3	您的家庭农场市场份额增长较快	

（二）数据收集

本项的调查对象为家庭农场主，数据来源由两部分组成：一部分源自2015年4～11月对湖南省家庭农场发展情况进行的实地调研，范围包括湖南省的14个市（州），获取调查问卷166份，有效问卷148份，有效率89%；另一部分来源于湖南农业大学2015年9～12月承办的家庭农场主培训，通过家庭农场主填写调查问卷，获取了调查问卷159份，有效问卷153份，有效率96%。为保证数据的效度，在两部分数据合并前，先执行同质性检验。本问卷同质性检定采用家庭农场土地面积、注册资本、年度销售额及利润作卡方检定。检定结果的卡方值分别为2.887、3.225、7.665和9.033，P值均大于0.05，因此，不拒绝虚无假设，即家庭农场土地面积、注册资本、年度销售额及利润通过两个渠道获取上并无不同，所以可以合并为一群，共计301份样本。

四、验证式因素分析

验证式因素分析（Confirmatory Factor Analysis，CFA）是探究定义的因素模型与实际资料的拟合程度，以确认潜变量是否能被观测指标（一般为三个以上）所代表。CFA 也可以检验构面的信度、效度以及一个测量工具是否跨群组。Thomopson（2004）提出，在执行结构模型之前，应当先分析测量模型，因为测量模型可以正确地反映研究的构面或因素。在 SEM 模型中，构面是其中的一部分，如果构面本身没有信度和效度，则连接这些构面就失去了意义。因此，在执行结构模型评估前必须先检验测量模型，如果测量模型的配适度是可接受的，才能进行第二步，即进行完整的 SEM 模型评估；反之，当发现测量模型配适度不佳时，就必须对其加以修正，这是验证式因素分析的意义所在。

Hair（2009）认为，一个测量模型具有收敛效度，要满足以下四个条件：

（1）因素负荷量大于 0.7。

（2）组成信度（Composite Reliability，CR）大于 0.7，组成信度计算公式为：

$$组成信度 = \frac{(\sum \lambda)^2}{(\sum \lambda)^2 + (\sum \theta)} \tag{5-6}$$

（3）平均变异数萃取量（Average Variance Extracted，AVE）大于 0.5，平均变异数萃取量计算公式为：

$$平均变异萃取量 = \frac{\sum \lambda^2}{\sum \lambda^2 + \sum(\theta)} \tag{5-7}$$

（4）多元相关系数的平方大于 0.5。

另外，Cronbach'α 是最常用来建立内部一致性的方法，在验证性目的下，0.7 被视为可接受，0.8 被认为是比较好的。一般来说，测量模型的修正，大多是对测量变量进行缩减，主要包括三点：①删除因素负荷量过低（如 0.5 以下）的变量，负荷量过低，表明该变量信度不佳，无法反映出真正潜在变量的测量；②删除存在共线性的观察变量；③删除残差不独立的观察变量。

在验证式因素分析中以及 SEM 分析中，有多重指标来评价模型的拟合优度。这些配适度指标提供了假设模型与所搜集资料配适差异大小的完整检验，可分为四种类型：绝对配适度指标、增值配适度指标、精简配适度指标、竞争配适度指标。由于没有一个或一组指标是公认最好的，最好就各种类型各挑选一个或两个作为配适度指标。因此，本书选用比较常用的卡方检定（χ^2）、卡方与自由度的比值（χ^2/df）、配适度指标（GFI）、调整后的配适度指标（AGFI）、近似均方根误差（RMSEA）等指标。

（一）卡方检定（χ^2）

卡方检定是一种缺适度指标，卡方值越大，表明估计模型与样本资料在统计显著性上配适度越差；反之，卡方值越小，表示模型的适合情形越好，但在运算中，卡方值对样本大小极为敏感，较大的样本容易产生较大的卡方值。为弥补这一缺失，产生了卡方自由比。

（二）卡方自由度比（χ^2/df）

卡方自由度比是为了减少样本数的影响，卡方自由度比越小，表示模型配适度越高。Kline（2011）建议 3 以内是可接受的，Schumacker 和 Lomax（2004）认定较为宽松，5 以内即可。一般来说，最好小于 3 但也不能小于 1。

（三）配适度指标（Goodness of Fit Index，GFI）

GFI 表示假设模型的共变异数矩阵与样本共变异数矩阵接近的程度。GFI 值越接近 1，表示模型的配适度越高；反之，则表明模型配适度越低，通常采用 GFI > 0.9。值得注意的是，当样本数大且自由度也大时，GFI 会产生向下偏误，除非估计的参数非常多，在此情形下，建议采用 AGFI。

（四）调整后的配适度指标（Adjusted – goodness – of – fit Index，AGFI）

AGFI 类似于回归分析中调整后可解释变异量（Adjusted R），在计算 GFI 时，将自由度纳入考虑之后所设计出来的模型配适度指数。当参数越多，AGFI 指数数值越大，越容易得到理想的配适度。通常采用 AGFI > 0.9，AGFI 在恰好辨识模型时，值可能会大于 1。

（五）近似均方根误差（Root Mean Square Error of Approximation，RMSEA）

RMSEA 也是一种缺适度指标，值越大，表示假设模型与资料配适度越低。通常，当 RMSEA ≤ 0.05 时，表明模型配适度非常好；如果介于 0.05 ～ 0.08，则模型比较理想。

本书应用 AMOS22.0 软件对各测量模型进行分析，分析结果包括各构面的测量变量的标准化因素负荷量、非标准化因素负荷量、标准误、显著性以及各测量模型的组成信度、变异数萃取量、配适度指标等。由于本书的政策扶持、企业家才能、经营环境、经营绩效四个潜变量直接对设计题项进行测度，因此，对测量模型进行检验时，只需要进行一阶验证式因素分析。以下逐一分析四个构面的 CFA 模型配适度、因素负荷量、收敛效度等。

1. 政策扶持构面

政策扶持构面共有五个题项（见表 5 – 3），总自由度为 5 × 6/2 = 15 个，减去 10 个估计参数，剩下 5 个自由度，模型属于过度辨识，符合理论上模型正定的要求。

表 5 – 3　政策扶持构面问卷原始题项

构面	编号	陈述问题	均值	标准差
政策扶持	PS1	当地政府给予了财政补贴	4.870	1.177
	PS2	当地政府给予了土地流转服务	4.681	1.185
	PS3	当地政府给予了技术培训支持	5.588	1.212
	PS4	当地政府给予了借贷优惠	4.900	1.279
	PS5	当地政府给予了信息服务	5.093	1.202

在执行 CFA 后，五个测量变量的标准化系数分别为 0.76、0.79、0.69、0.68、0.72，测量变量 PS3 和 PS4 虽然未达到 0.7 的标准，但非常接近 0.7 的标准，是可接受的范围，其余三个题项均超过 0.7 且未超过 0.95，残差均为正且显著，无违犯估计。构面的组成信度为 0.848，超过 0.7 的标准；平均变异数萃取量为 0.529，超过 0.5 的标准（见表 5 – 7）；配适度均在可接受的范围（见图 5 – 4），因此该五个题项全部予以保留。

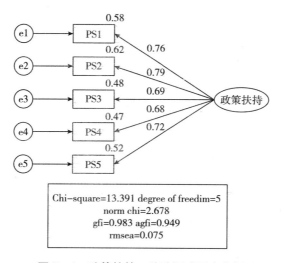

图 5 – 4　政策扶持一阶验证式因素分析

2. 企业家才能构面

企业家才能构面共有五个题项（见表 5-4），在执行 CFA 后，发现题项 EB4 因素负荷量太低，没有信度，应当删除。题项 EB5 与题项 EB1 有残差不独立现象，为求模型精简，予以删除。最后保留题项 EB1、EB2、EB3 三个题项，重新执行 CFA，其标准化系数均超过 0.7，EB2 标准化系数虽超过 0.95，达到 0.97（见图 5-5），但比较接近可接受的范围；各题项残差均为正且显著，无违犯估计。构面的组成信度为 0.898，平均变异数萃取量为 0.748，均达到收敛效度的标准（见表 5-7）；一个测量模型为三个测量变数是饱和模式，为唯一解，无任何配适度指标，因此，保留这三个题项。

表 5-4　企业家才能构面问卷原始题项

构面	编号	陈述问题	均值	标准差
企业家才能	EB1	我善于抓住商业机会	5.399	0.990
	EB2	我能够判断市场各种变化而制订应对方案	5.548	0.946
	EB3	我善于处理人际方面的关系	5.488	1.044
	EB4	我善于总结决策的成功与失败之处	5.023	1.202
	EB5	我能很好地辨别市场中的风险	4.744	1.175

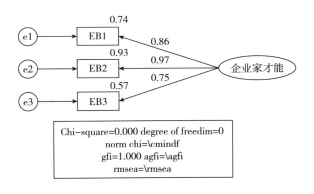

图 5-5　企业家才能一阶验证式因素分析

3. 经营环境构面

经营环境构面共有六个题项（见表 5-5），自由度为 6×7/2 = 21 个，模型属于过度辨识，符合理论上模型正定的要求。在执行 CFA 后，发现题项 OE4 的因素负荷量为 0.47，低于 0.5 的标准，表明该观察变量缺乏信度，为求模型精简，予以删除。对剩下的五个题项重新执行 CFA，模型仍为过度辨识，其标准化系数均在 0.7 左右，在可接受的范围内，残差均为正且显著，无违犯估计。构面的组成信度为 0.811，超过 0.7 的标准；平均变异数萃取量为 0.462，接近 0.5 的标准（见表 5 - 7），可以接受；配适度均在可接受的范围（见表 5 - 6），因此该五个题项全部予以保留。

表 5 - 5 经营环境构面问卷原始题项

构面	编号	陈述问题	均值	标准差
经营环境	OE1	您能够获取市场供求信息	5.326	0.980
	OE2	您能够较容易雇用到短期劳动力	5.741	0.955
	OE3	您能够获取家庭农场技术培训	4.904	1.129
	OE4	您能够较容易获取到运营资金	4.957	1.048
	OE5	您能够流转到所需的土地	5.027	1.104
	OE6	您能够得到农业技术专家的指导	4.983	1.133

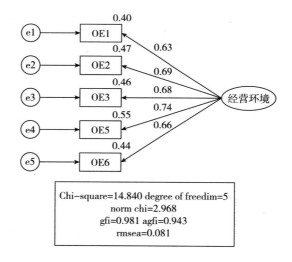

图 5 - 6 经营环境一阶验证式因素分析

4. 经营绩效构面

经营绩效构面共有三个题项（见表 5 - 6），在执行 CFA 后，各题项标准化系数均超过 0.7，题项 EP2 虽达到 0.95，但仍可接受（见图 5 - 7）；残差均为正且显著，无违犯估计。构面的组成信度为 0.89，超过 0.7 的标准；平均变异数萃取量为 0.732，超过 0.5 的标准（见表 5 - 7）；由于一个测量模型为三个测量变数是饱和模式，为唯一解，无任何配适度指标，因此保留这三个题项。

表 5 - 6　经营绩效构面问卷原始题项

构面	编号	陈述问题	均值	标准差
经营绩效	EP1	您的家庭农场利润可观	5.578	1.182
	EP2	您的家庭农场投资回报率较好	5.445	1.147
	EP3	您的家庭农场市场份额增长较快	5.203	1.176

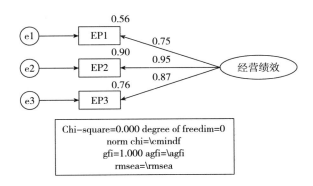

图 5 - 7　经营绩效一阶验证式因素分析

从上述 CFA 分析结果来看，企业家才能、经营环境、政策扶持、经营绩效四个测量模型的组成信度分别为 0.898、0.811、0.848、0.89；平均变异数萃取量分别为 0.748、0.462、0.529、0.732；因素负荷量大多大于 0.7 的标准，符合 Hair（2009）的标准（见表 5 - 7），表明本书的四个测量模型全部具有收敛效度。

五、区别效度分析

区别效度分析是验证不同的两个构面相关在统计上是否有差异。良好的区别效度是构面单一原则的必要条件，高度的区别效度提供了构面独特的证据，并反映了其他构面部分现象。不同构面的测量题项，不能有高度相关，如有高度相关（一般大于 0.85 以上），表明这些题项在测量同一件事，通常发生在构面的定义有过度重叠时。检定构面之间是否有区别效度的方法有相关系数法、信赖区间法（bootstrap）、平均变异数萃取法（AVE）、SEM 固定系数估计法等。本书采用信赖区间法，建立构面之间的皮尔森相关系数的信赖区间，如果没有包含 1，即不包含完全相关，则表明构面之间具有区别效度。先将 SEM 模型中四个构面重新安排成 CFA 模型（见图 5 - 8）。

表 5 - 7　验证式因素分析表

构面	指标	模型参数估计值				标准化因素负荷	信度分析		收敛效度		模型配适度指标					
		非标准化因素负荷	标准误 S.E.	C.R. (t - value)	P		Cronbach' α	SMC	CR 组成信度	AVE 变异数萃取量	χ²	DF	χ²/DF	GFI	AGFI	RMSEA
企业家才能	EB1	1				0.868	0.821	0.753	0.898	0.748	0	0	—	—	—	—
	EB2	1.069	0.050	21.373	***	0.957		0.916								
	EB3	0.870	0.054	16.121	***	0.759		0.576								
经营环境	OE1	1				0.652	0.799	0.425	0.811	0.462	14.840	5	2.968	0.981	0.943	0.081
	OE2	1.193	0.118	10.105	***	0.731		0.534								
	OE3	1.079	0.110	9.779	***	0.698		0.487								
	OE5	1.030	0.107	9.606	***	0.682		0.465								
	OE6	0.950	0.105	9.056	***	0.632		0.399								
政策扶持	PS1	1				0.760	0.809	0.578	0.848	0.529	13.391	5	2.678	0.983	0.949	0.075
	PS2	1.002	0.076	13.260	***	0.797		0.635								
	PS3	0.958	0.083	11.482	***	0.690		0.476								
	PS4	0.880	0.078	11.236	***	0.676		0.457								
	PS5	0.897	0.076	11.771	***	0.707		0.500								
经营绩效	EP1	1				0.750	0.876	0.563	0.890	0.732	0	0	—	—	—	—
	EP2	1.210	0.075	16.164	***	0.935		0.874								
	EP3	1.159	0.075	15.547	***	0.871		0.759								

注：

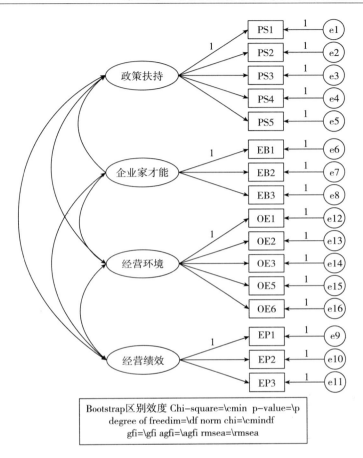

图 5-8 Bootstrap 区别效度检定

AMOS 软件提供两种信赖区间的估计方式，分别为 Bias - corrected Method 和 Percentile Method 估计，在 95% 信心水平下，如果标准化相关系数信赖区间均不包含 1（完全相关），表示构面具有区别效度；反之，则无区别效度。本书执行 bootstrap 程序时设定重复抽样 2000 次，估计结果见表 5-8，所有的标准化相关系数信赖区间均未包含 1，表明本书所有构面之间具有区别效度。

表 5-8 构面区别效度信赖区间

Parameter	Estimate	Bias - corrected		Percentile	
		Lower	Upper	Lower	Upper
企业家才能←→政策扶持	0.372	0.239	0.495	0.245	0.498
经营环境←→政策扶持	0.531	0.403	0.648	0.409	0.656

Parameter	Estimate	Bias – corrected		Percentile	
		Lower	Upper	Lower	Upper
政策扶持←→经济绩效	0.367	0.25	0.481	0.252	0.483
企业家才能←→经营环境	0.476	0.345	0.592	0.347	0.595
企业家才能←→经济绩效	0.528	0.397	0.653	0.394	0.65
经营环境←→经济绩效	0.567	0.439	0.68	0.439	0.68

六、结构方程模型分析

（一）SEM 二阶段检定

在 SEM 分析过程中，即使 CFA 没有问题，并不代表 SEM 没有问题。例如，外生变量之间高度相关的影响，外生变量之间相关过高，如果发生在因果路径上，则不影响模型回归系数的估计；但如果发生在同一层次的位置，就有衍生共线性的问题。因此，除了测量模型与结构模型分开处理以外，在 SEM 模型分析之前，需要先检查所有构面之间的相关、强度、方向是否符合理论模型的要求，这就是 SEM 二阶段检定的必要性。模型构面存在共线性常见的特征表现为：①构面相关系数大于 0.75；②模型标准化回归系数大于构面相关系数；③回归系数与构面相关不同号；④回归系数与理论假设方向不同；⑤标准化回归系数大于 1；⑥标准化回归系数大于 0.2 却不显著；⑦R^2 大于最大标准化回归系数的平方。

运用 AMOS22.0 软件，第一步将模型变成验证性因素分析，即将所有外生潜在变量与内生潜在变量一律变成外生潜在变量，只衡量潜在变量之间的变异数及共变异数，并忽略潜在变量之间的因果关系（见图 5 – 9）。当潜在变量架构成验证性因素分析时，评估模式是否正定，模式如果正定，再继续下一步骤。第二步是检验潜在变量的原始模型，通常第一步通过检定，则表明模式在结构模型下有可能正定，并且从相关程度大小也可以预知模型评估的状态。万一结构模型无法正定时，第一步也可以提供足够的信息判定其原因。

按照上述步骤进行 SEM 二阶段检定，从估计的标准化系数来看，所在潜在变量之间的两两相关介于 0.30 ~ 0.75（见表 5 – 9），属于中度相关，表明变量之间不存在共线性的问题，也无潜在不相关的变量存在于 SEM 中。此检定的目的是先了解 SEM 分析的可行性，如果潜在变量间存在相关过高时（大于 0.85），表明

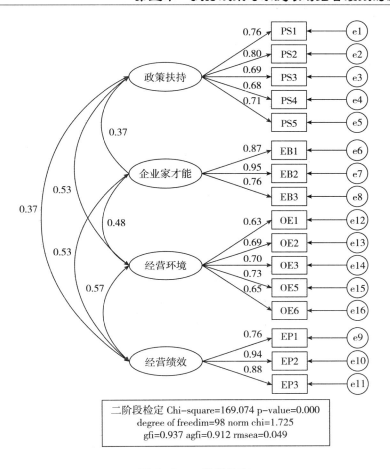

图 5-9　二阶段检定

存在共线性，在执行 SEM 分析时，可能得到系数方向相反的结果，进而导致错误的推论；反之，如果大部分潜在变量之间的相关太低（小于 0.25），就会造成模型没有解释能力及路径不显著的结果。如果 SEM 无法正定，有可能是模型配适度不佳造成的，可由二阶段检定的结果判断出哪个构面不理想，从而加以处理。

表 5-9　二阶段检定标准化相关系数

变量名称	相关	变量名称	皮尔森相关
政策扶持	←→	企业家才能	0.372
政策扶持	←→	经营绩效	0.367
政策扶持	←→	经营环境	0.531

变量名称	相关	变量名称	皮尔森相关
企业家才能	←→	经营绩效	0.528
企业家才能	←→	经营环境	0.476
经营绩效	←→	经营环境	0.567

从二阶段检定的结果，得到的结果卡方值为 169.074、自由度为 98、卡方/自由度为 1.725、GFI 为 0.937、AGFI 为 0.912、RMSEA 为 0.049，符合理想配适度标准。另外，所有残差皆为正数，且达到显著水平，表明没有违犯估计的问题（见表 5－10）。

表 5－10　变量违犯估计检定

变量名称	估计值	标准误 S. E.	C. R.（t－value）	显著性 P－value
企业家才能	1.060	0.115	9.242	***
经营环境	0.600	0.104	5.777	***
政策扶持	0.566	0.077	7.313	***
经营绩效	0.730	0.097	7.536	***
e1	0.333	0.041	8.084	***
e2	0.125	0.036	3.507	***
e3	0.575	0.053	10.803	***
e4	0.839	0.080	10.514	***
e5	0.756	0.080	9.424	***
e6	0.748	0.075	9.912	***
e7	0.740	0.073	10.080	***
e8	0.836	0.078	10.666	***
e9	0.411	0.043	9.474	***
e10	0.327	0.037	8.769	***
e11	0.566	0.054	10.414	***
e12	0.516	0.049	10.543	***
e13	0.450	0.044	10.201	***
e14	0.540	0.050	10.757	***
e15	0.147	0.034	4.375	***
e16	0.298	0.038	7.831	***

（二）模型配适度检验

应用 SEM 验证理论模型时，较好的模型配适度是 SEM 分析的必要条件，模型配适度反映了结构方程模型所估算出来共变异数矩阵与样本共变异数矩阵一致性的程度。配适度越好，代表模型与样本越接近。衡量结构方程模型配适度的指标有很多种，本书参考 Byrne（2010）、Schreiber（2008）等的建议，挑选了以下常用到的配适度指标：卡方检定（χ^2）、卡方与自由度的比值（χ^2/df）、配适度指标（GFI）、调整后的配适度指标（AGFI）、近似均方根误差（RMSEA）、渐增式配适指标（IFI）、非标准配适度指标（TLI）、比较配适度指标（CFI）等指标。χ^2、χ^2/df、GFI、AGFI、RMSEA 五个指标的含义在前文已做说明，渐增式配适指标（IFI）、非标准配适度指标（TLI）、比较配适度指标（CFI）简要说明如下：

1. 渐增式配适指标（Incremental Fit Index，IFI）

IFI 又称 Delta2。一般来说，IFI ≥ 0.9 为接受的模型配适度，在某些情形下可能会大于 1。由于 IFI 较不受到样本数的影响，因此，越来越受到研究人员的欢迎。

2. 非标准配适度指标（Non - Normed Fit Index，NNFI）

NNFI 几乎不受样本数的影响，因此，是常被应用的配适度指标。NNFI 的值接近 1 表示模型配适度良好。但由于 NNFI 不是一个标准化的指标，所以 NNFI 在模型配适度良好时，有时会超过 1，如果超过 1，就将其视为 1 来解释，表明模型为良好配适。

3. 比较配适度指标（Comparative Fit Index，CFI）

CFI 可以反映出假设模型与无任何共变关系的独立模型的差异程度，同时也检定到被检验模型与中央卡方分配的离散性。CFI 介于 0 ~ 1，CFI 指数越接近 1，表明模型契合度越理想。CFI 同 NNFI 一样，在模型精简时，也会超过 1，故一律视为 1。

对本书理论模型进行估计，从模型的适配度检验结果来看，$\chi^2/df = 1.968$，小于 3 的标准；RMSEA = 0.057，小于 0.08 的合理标准；其他适配指标均达到了适配标准（见表 5 - 11）。但模型的分析结果得到 P 值为 0.000，是显著的结果，拒绝 H_0（模型不配适）。通常 P 值显著有两个原因：一是大样本所致；二是模型配适度的确不好。为厘清此情形，Bollen 和 Stine（1992）建议利用 Bollen - Stine p 值校正法。

表5-11 模型配适度指标

指标类型	指标名称	指标值	参考值
绝对配适度指标	卡方检定（χ^2）	194.789	越小越好
	卡方与自由度的比值（χ^2/df）	1.968	<3
	配适度指标（CFI）	0.927	>0.9
	调整后的配适度指标（AGFI）	0.9	>0.9
	近似均方根误差（RMSEA）	0.057	<0.08
增值配适度指标	渐增式配适指标（IFI）	0.961	>0.9
	非标准配适度指标（TLI）	0.953	>0.9
	比较配适度指标（CFI）	0.961	>0.9

Bollen-Stine p 值校正法是利用取出再放回的重复抽样技术，修正模型卡方值，检验模型配适度，调整缺乏多元常态分配的数据资料。从图5-10中可以看到1000次的bootstrap结果，大致呈现对称的常态分配，表明本书模型配适度比较理想。

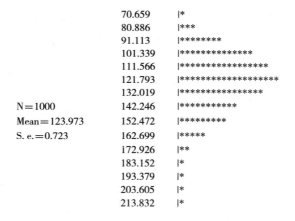

图5-10 Bollen-Stine bootstrap p correction 分布

（三）SEM 路径系数

运用 Amos22.0 软件对模型进行参数估计，执行后得到的各路径系数见图5-11，政策扶持对经营绩效的路径系数为0.03，政策扶持对企业家才能和经营环境的路径系数分别为0.54、0.58，企业家才能对经营绩效的路径系数为0.29，经营环境对经营绩效的路径系数为0.43。

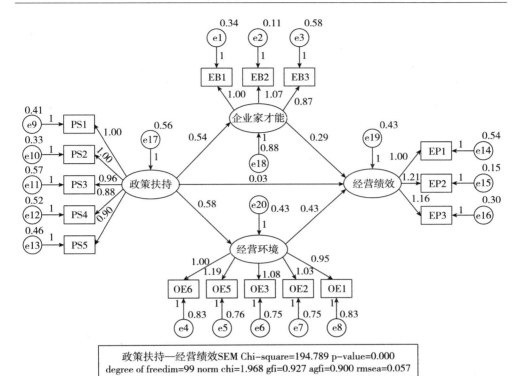

图 5 - 11　结构方程模型非标准化估计结果

　　从各路径系数 P 值显著性来看，政策扶持与企业家才能、经营环境呈显著；企业家才能、经营环境与经营绩效呈显著。但是政策扶持与经营绩效路径系数 P 值为 0.725（见表 5 - 12），远大于 0.05 水平的显著性检验，表明政策扶持与经营绩效并不存在显著的直接相关关系。

表 5 - 12　结构模型路径系数

构面	标准化估计值	非标准化估计值	S. E.	C. R.	P 值
企业家才能←──政策扶持	0.398	0.543	0.089	6.101	***
经营环境←──政策扶持	0.552	0.575	0.081	7.077	***
经营绩效←──企业家才能	0.363	0.295	0.051	5.761	***
经营绩效←──经营环境	0.403	0.429	0.088	4.864	***
经营绩效←──政策扶持	0.025	0.028	0.080	0.352	0.725

（四）总效果、直接效果及间接效果

结构模型产生的路径系数大小，表示自变量对应变量影响的大小，但这种解释有可能产生误解。因为多个变量的结构模型，往往包含其他变量的影响，而非单一的效果。因此，总效果较能说明模型变量的影响大小。SEM 分析将变量的影响大小解构为总效果、直接效果及间接效果。其关系为：

总效果 = 直接效果 + 间接效果

间接效果表示某个变量的影响至少需要通过一个中介变量的传达，才能影响另一个变量，例如，本模型的政策扶持变量，通过企业家才能变量或经营环境变量来影响经营绩效变量。间接效果及总效果可以回答从直接效果无法看出来的问题；又如，一般来说，社会福利越好，对薪资有正面的直接效果，但社会福利越好，对兼职工作却有负面影响，结果反而降低了工作所得。因此，只看直接效果会误导人们的印象，此时总效果就具有更佳的解释能力，如果为正，表明的确会产生正的影响，为负则可能反受其害。

由表 5－13 可知，本书的总效果为 0.435，直接效果为 0.028，间接效果为 0.407，总效果刚好为直接效果与间接效果之和，说明不存在排挤效用。

表 5－13　总效果、直接效果、总间接效果

	政策扶持	经营环境	企业家才能	经营绩效
总效果				
经营环境	0.575	0.000	0.000	0.000
企业家才能	0.543	0.000	0.000	0.000
经营绩效	0.435	0.429	0.295	0.000
直接效果				
经营环境	0.575	0.000	0.000	0.000
企业家才能	0.543	0.000	0.000	0.000
经营绩效	0.028	0.429	0.295	0.000
间接效果				
经营环境	0.000	0.000	0.000	0.000
企业家才能	0.000	0.000	0.000	0.000
经营绩效	0.407	0.000	0.000	0.000

（五）中介效果检验

从模型估计结果来看，政策扶持对家庭农场经营绩效的直接效用并不显著，而是通过中介变量产生影响。因此，需要进行中介效应检定。传统的中介效应检定方法是因果检验法（Baron & Kenny，1986）和系数相乘法（Sobel，1986）。较为常见的做法有两种：一种是自助法（Bootstrapping），它采用重复抽样技术来构造置信区间，求算各种效果之间的信赖区间。另一种是 Mankinnon 开发的间接效果信赖区间的计算程序——乘积分布法（PRODCLIN），此方法认为中介效应是两个正态分布随机变量的乘积分布，以此构建不对称的置信区间，进而检验中介效应。非正态分布是中介效应检验过程中要解决的首要问题，在传统的检定方法中，因果检验法无视这种非正态性，其检验功效值得怀疑。自助法和乘积分布法在一定程度上克服了中介效应的非正态分布造成的置信区间估计偏误问题，是当前最有效的中介效应检验方法。因此，本书采用这两种方法以及传统的系数相乘法来进行中介效应检验，这三种中介效应检验结果见表 5-14。

系数相乘法结果显示政策扶持对经营绩效总效应的点估计值为 0.435，标准差为 0.083，Z 值为 5.24，大于 1.96 标准，说明总效应显著；Bootstrapping 法和乘积分布法的 95% 置信区间不包含 0，同样表明总效应显著。利用系数相乘法计算的直接效应 Z 值为 0.3，远小于 1.96，表明直接效应在 0.05 的置信水平上不显著；Bootstrapping 法和乘积分布法构造的 95% 置信区间都包含 0，同样表明直接效应不显著。三种方法的检验结果都表明间接效果显著，从而证明政策扶持通过企业家才能或经营环境，对经营绩效有显著的正向作用。由于政策扶持对经营绩效的直接效应不显著，因此，本结构方程模型为完全中介模型。即政策扶持对家庭农场经营绩效的影响，完全是因为政策扶持促进了家庭农场主的企业家才能或经营环境的提升，进而对家庭农场经营绩效产生正向影响。

AMOS 的 Bootstrap 重复抽样法只能计算政策扶持对经营绩效的总间接效果的置信区间，而无法计算政策扶持经过企业家才能或经营环境至经营绩效的单独间接效果置信区间。而乘积分布法（PRODCLIN）可以计算二因子的单独间接效果信赖区间，本书执行该程序后，两个因子的单独特定间接效果信赖区间均未包含 0，表明两个因子的特定间接效果都存在。此外，在完全中介模型中，对比两条中介路径的影响系数可以发现，以企业家才能为中介变量的影响系数（0.54 × 0.299）比以经营环境为中介变量的影响系数（0.58 × 0.43）明显要小。由此可见，家庭农场的经营绩效更多来自经营环境因素。

表5-14 总效果、直接效果、总间接效果及单独间接效果信赖区间

路径	点估计值	系数相乘积		Bootstrapping				Mackinnon PRODCLIN	
		SE	Z	Bias-corrected 下限	上限	Percentile 下限	上限	下限	上限
总效果									
政策扶持→经营绩效	0.435	0.083	5.24	0.286	0.608	0.287	0.609	0.27	0.568
直接效果									
政策扶持→经营绩效	0.028	0.093	0.3	-0.161	0.207	-0.166	0.204	-0.134	0.191
总间接效果									
政策扶持→经营绩效	0.407	0.086	4.73	0.266	0.603	0.265	0.6	—	—
单独间接效果									
政策扶持→企业家才能→经营绩效	—	—	—	—	—	—	—	0.084	0.257
政策扶持→经营环境→经营绩效	—	—	—	—	—	—	—	0.126	0.399

（六）估计结果分析

根据结构方程模型的估计结果及中介效果检定可知：①农业政策扶持对企业家才能与经营环境有显著影响，研究假设 2 和研究假设 3 得到支持（见表 5－15）。说明政策扶持力度越大，越能提高家庭农场主的企业家才能和优化家庭农场的经营环境。②企业家才能与经营环境对家庭农场经营绩效影响显著，研究假设 4 和研究假设 5 得到支持。企业家才能越高，经营环境越好，对提高家庭农场的经营绩效效果越大。这一结论支持了国内外学者（Dollar，2003；Ucbasaran，2004；杨学儒，2013）关于企业家才能或经营环境对企业经营绩效产生积极影响的观点。③农业扶持政策对家庭农场经营绩效的直接效果不显著，研究假设 1 没有得到支持。对此的解释可能是，从目前来看，最能直接降低家庭农场生产成本，以提高其经营收益的扶持政策是各种财政补贴，如土地流转补贴、良种补贴、农机购置补贴等。家庭农场的资本投入一般较大，而这些补贴在较高的家庭农场资本投入中，所占的比例太小，不足以起到"解渴"的作用。另外，由于政府的层级管理体制原因，并不是所有的家庭农场都能得到财政补贴。而且，经过层层中间环节后，真正拿到手的财政补贴并不多。以上原因导致农业扶持政策对家庭农场经营绩效的直接效果不显著。④尽管农业扶持政策对家庭农场经营绩效没有直接影响，但经由企业家才能和经营环境的中介效果存在，表明农业扶持政策主要通过企业家才能和经营环境来影响家庭农场的经营绩效。

表 5－15　研究假设结果整理

假设	假设内容	结果
假设 1	扶持政策对家庭农场经营绩效有直接正向的影响	不支持
假设 2	扶持政策对家庭农场主的企业家才能有直接正向的影响	支持
假设 3	扶持政策对家庭农场经营环境有直接正向的影响	支持
假设 4	企业家才能对家庭农场经营绩效有直接正向的影响	支持
假设 5	经营环境与家庭农场经营绩效有直接正向的影响	支持
假设 6	政策扶持通过企业家才能的中介效果对经营绩效有间接影响	支持
假设 7	政策扶持通过经营环境的中介效果对经营绩效有间接影响	支持

第三节 简要结论

基于家庭农场的调研数据，通过建立结构方程模型来分析农业扶持政策对家庭农场经营绩效影响路径与驱动机制，研究表明，农业扶持政策对提高家庭农场经营绩效有积极的影响，其驱动机制是通过改善家庭农场的经营环境和提高家庭农场主的企业家才能。研究还发现，企业家才能与经营环境在政策扶持与经营绩效之间扮演着完全中介的角色。这意味着，农业扶持政策提高家庭农场的经营绩效，主要由两条中介路径来实现：一是政府通过搭建土地流转平台、提供贷款贴息、发布农产品供需信息等措施，改善了家庭农场获取土地及资金、销售农产品的市场经营环境，使家庭农场在流转土地、资金获取、产品销售等方面更为畅通，从而有利于家庭农场经营绩效的提高；二是政府提供职业农民培训，通过培训农业生产技术、家庭农场管理，农产品销售等内容，提高了家庭农场主的家庭农场生产、经营、管理能力。此外，由于扶持政策的"诱惑"，吸引了部分企业家能力强的农民工、大学生等群体返乡创办家庭农场。很显然，这些群体与传统农民相比，初始人力资本比较高，对提高家庭农场经营绩效更具优势。由此可见，政策扶持提升了家庭农场主的企业家能力，为家庭农场获取较高的经营绩效提供了条件。另外，从两条路径系数来看，相比之下，通过以经营环境为中介的路径能够更有效地提升家庭农场经营绩效。

本书结论对进一步完善家庭农场的扶持政策具有一定启示。主要体现在以下四个方面：

第一，加大家庭农场发展的财政支持力度。各级政府根据财力情况，设立家庭农场发展专项资金，扶持当地的家庭农场发展；各地评选出示范性家庭农场，给予一定的资金奖励；逐步加大贷款贴息力度，充分发挥财政资金引导和杠杆作用，撬动更多社会资金支持家庭农场发展。

第二，建立家庭农场主对扶持政策需求的表达机制。坚持以家庭农场需求为中心的供给目标，拓宽家庭农场主诉求表达渠道，深入了解家庭农场对扶持客体和农业公共产品的现实需求，建立扶持政策工具集合，对扶持政策进行供给侧结构性改革，实现扶持政策工具的供求对接。

第三，优化家庭农场发展的经营环境。主要包括：一是培育土地流转服务组织，建立县、乡、村三级土地流转服务站，开展流转供求信息、价格协调、资产评估、纠纷仲裁等服务；二是构建农村金融服务体系，创新担保方式，提高金融机构对家庭农场的服务质量和效率；三是完善政策性农业保险，积极为家庭农场拓展保险品种，提高保险赔付标准，最大限度降低家庭农场经营风险；四是引导农业生产性服务业发展，为家庭农场提供全程生产作业的专业化服务。

第四，重视新型职业农民培育。把家庭农场主纳入新型职业农民培育的对象，制订科学的培育计划，结合农事农时，因地制宜建立适应成人学习的"分阶段、重实训、参与式"的培养模式。采取农学结合、就近就地等灵活方式开展培训，全面提高家庭农场主的企业家才能。

第六章　家庭农场综合评价
指标体系的构建及应用

《湖南省农业农村厅关于加强家庭农场的指导意见》提出，加强样板示范，各地要从当地实际出发，大力培育和扶持一批经营规模适度、综合效益好、社会影响力强的家庭农场，树立不同类型的典型，发挥样板示范作用，带动家庭农场发展。贵州省农业（畜牧）行政主管部门要对省级示范性家庭农场实施引导，提供直接服务，充分释放示范效应。为此，本章构建家庭农场综合评价指标体系，以湖南省 8 户各地首批成立的家庭农场为例进行验证，客观地反映样本家庭农场的真实面貌，表明该评价指标体系具有较强的操作性和可行性，为评选各级示范性家庭农场提供工具。

第一节　家庭农场综合评价指标体系的构建

一、构建家庭农场综合评价指标体系的意义

湖南省家庭农场发展处于探索阶段，构建家庭农场综合评价指标体系，对于政府及家庭农场本身，具有评价、决策与监控功能。

从政府的角度来看，根据建立的绩效评价指标体系，把反映被评价对象绩效的各种评价指标综合起来，得出一个反映被评价家庭农场全貌的综合数值。从而进行横向比较和纵向比较，得到被评价对象的发展水平，为政府部门提供依据，以科学和客观地评价家庭农场发展的进度、运行绩效和综合效益，有利于提高家庭农场综合评价工作的科学化水平。另外，综合评价指标较全面地反映相关政策措施对家庭农场发展影响的因果关系，政府有关部门据此可以做出及时的反应和调整，分门别类地引导家庭农场的长期发展，提高家庭农场扶持资金的利用

效率。

对于家庭农场本身，一方面，综合评价指标体系能够使各家庭农场以相对统一的衡量标准，客观地进行自我评估和横向比较，认识到自身的不足，促进家庭农场之间相互交流和学习，取长补短，共同发展壮大；另一方面，通过评价指标的分析，对影响和偏离家庭农场发展目标的因素进行监控，采取解决措施，提高家庭农场主决策的针对性。

二、家庭农场综合评价指标体系设计思路

家庭农场作为一种新型农业经营主体，从探索期到成熟期，大致经历三个发展阶段（见表6-1）。显然，不同的发展阶段对家庭农场的综合评价相应地有所侧重。此外，由于地区经济发展水平的不平衡，各地家庭农场在启动时间、发展基础和进度上，均会表现出一定的差异性。就目前而言，湖南省的家庭农场总体上处于初级阶段。因此，家庭农场评价指标体系的构建，不仅要着眼于家庭农场当前取得的经济效益，还应放眼未来，考虑其发展潜力。基于以上分析，家庭农场评价指标体系设计应从两个维度来考察：一是当前经营绩效；二是未来发展潜能。与此相对应，家庭农场评价指标体系分成两大相互关联的模块：一是经营绩效评价模块；二是发展潜能模块。两大模块互为关联，形成一个综合评价体系。绩效评价模块基于家庭农场当前的发展成效，发展潜能评价模块放眼于家庭农场未来的发展潜力。这样，既有利于跟踪评价和考察一个家庭农场的绩效状况和发展水平，也有利于同类型家庭农场之间的横向比较，满足不同阶段对综合评价的需求。

表6-1 家庭农场的发展阶段

阶段	发展方式	特点	运行模式	激励机制	评价方法
初级阶段	示范推广	半市场化	政策扶持＋效益激励	政府引导扶持与效益激励共同作用	定量指标与定性指标共同评价
成长阶段	壮大规范	市场化	效益激励＋政策扶持	效益激励为主，政府引导扶持为辅	提高定量评阶指标权重
成熟阶段	优胜劣汰	社会化	社会化运行	效益激励和社会化人才资源配置为主	定量评价

三、家庭农场综合评价指标体系设计原则

设计家庭农场综合评价指标体系必须把握以下四个原则：第一，目标导向原则。家庭农场评价指标体系的目的不是单纯评出各家庭农场绩效的名次及优劣程度，而是引导和鼓励被评价对象向正确的方向和目标发展，这对于处于探索式发展阶段的家庭农场尤为重要。第二，实用性原则。家庭评价指标体系必须具备实用性、可行性和可操作性的特点。具体表现为指标要简化，方法要简便，数据要易于获取，各项评价指标及其相应的计算方法都要标准化、规范化。第三，通用可比原则。家庭农场在不同时期、不同对象间可以比较，即纵向比较和横向比较。纵向比较要求同一对象在不同时期与阶段可以作比较。横向比较，即不同对象之间的比较，找出家庭农场之间的差距。第四，系统优化原则。家庭农场的评价指标之间是互相联系和互相制约的，由于同层次指标之间存在制约关系，在设计指标体系时，应该兼顾到各方面指标，达到评价指标体系的整体功能最优。

四、家庭农场综合评价指标体系构成内容

基于上文的设计思路与原则，本书将家庭农场的评价指标体系分成三个层次：第一层次是家庭农场的绩效评价和发展潜能；绩效评价分为经济绩效、社会绩效和生态绩效，发展潜能分为人力资本、物质资本和社会资本，这6项指标组成第二层次；对6项二级指标进行细分，得到21个三级指标，组成第三层次，由此构建出家庭农场的评价指标体系。各指标具体含义及说明如下：

（一）经营绩效评价指标

1. 经济绩效

（1）劳动生产率（万元/人）。指该家庭农场平均每个劳动力所能创造的总价值，即人均产值。劳动生产率 = 家庭农场总产值/（家庭劳动成员数 + 长期雇工数）。该指标是从劳动投入的角度来反映家庭农场的生产经济效益。

（2）土地产出率（元/亩）。土地产出率 = 家庭农场总产值/家庭农场占地面积。一个家庭农场的土地产出率越高，表明土地集约化水平越高。该指标是从土地投入的角度来反映家庭农场的生产经济效益。

（3）成本费用利润率（%）。成本费用利润率 = 利润总额/成本费用总额 × 100%。该指标是从资金投入的角度来反映家庭农场的生产经济效益。

（4）高于当地农民年纯收入比例（%）。衡量家庭成员参与家庭农场劳动年度纯收入的指标。高于当地农民年纯收入比例 = 家庭农场家庭成员本年度人均纯

收入/当地农民年纯收入×100％－1（人均纯收入＝家庭农场年度纯利润/参加家庭农场的家庭成员数）。

2. 社会绩效

（1）社会贡献率（％）。指家庭农场对社会贡献总额与资产平均总额的比率，用以衡量运用全部资产为社会创造价值的能力。社会贡献率＝社会贡献总额/平均资产总额×100％，其中，平均资产总额＝（期初资产总额＋期末资产总额）/2，社会贡献总额是指家庭农场为社会创造价值总额，主要由家庭农场净利润、雇工工资、利息支出净额、销售税金等有关费用组成。

（2）顾客满意度（分值）。反映家庭农场的消费对象（顾客或农产品经纪人）的一种心理状态，它来源于顾客对家庭农场的农产品消费所产生的感受，从消费者角度来衡量家庭农场的社会绩效。本书对该指标的数据采用五档量表分类，"非常满意"＝5分，"较满意"＝4分，"一般"＝3分，"不满意"＝2分，"非常不满意"＝1分，该指标数据主要通过农产品经纪人填写调查问卷获取，属定性指标。

（3）区域示范效应（分值）：衡量一个家庭农场做出表率、在被广泛认可与推崇后，对当地农民发展家庭农场的带动程度。该指标采用五档量表，"非常高"＝5分，"较高"＝4分，"一般"＝3分，"很低"＝2分，"非常低"＝1分，通过当地农业主管部门获取，属定性指标。

3. 生态绩效

（1）化肥、农药、农膜使用强度（％）。在农业生产中，随着使用化肥、农药、农膜强度和频率的增加，对土壤和农产品产生毒害作用就越大，进而带来环境和食品污染问题，该指标反映家庭农场践行环境友好型"两型农业"要求的负指标，指标越小，表明对化肥、农药、农膜使用强度越低。其计算方法为：化肥使用强度＝化肥施用量/农作物播种面积；农药使用强度＝农药施用量/农作物播种面积；农膜使用强度＝农膜施用量/农作物播种面积。

（2）农业有机废弃物利用率（％）。衡量家庭农场利用农业有机废弃物的能力，反映农场主的环境保护意识。数据由家庭农场主填写调查问卷获取。

（3）周边居民满意度（分值）。衡量家庭农场对当地生态环境的影响，正影响指家庭农场对保护当地生态环境做出的努力，负影响指造成当地水污染、空气污染、沙土破坏等的程度。该指标采用五档量表，"非常满意"＝5分，"较满意"＝4分，"一般"＝3分，"不满意"＝2分，"非常不满意"＝1分，通过调查周边居民获取数据，属定性指标。

（二）发展潜能评价指标

1. 人力资本

（1）农场主年龄（分值）。农场主作为家庭农场的组织者和领导者，年龄是其人力资本一个重要的方面。不同年龄阶段各有优势和劣势，年长者阅历广，经验丰富；年轻人充满活力，善于创新。根据现代企业管理理论，组织者和领导者最适合的年龄是 30 ~ 50 岁，而 45 岁左右为最佳年龄峰值。因此，本书选取 30 岁以下、30 ~ 40 岁、40 ~ 50 岁、50 ~ 60 岁、60 岁以上五个年龄段，分别赋值 1 分、2 分、3 分、2 分、1 分。

（2）农场主文化程度（分值）。一般而言，农场主的文化程度越高，接受新思想与学习农业新技术的能力越强。农场主文化程度是反映家庭农场人力资本的一个重要指标，采用五档量表，"初中及以下" = 1 分，"高中或中专" = 2 分，"大专" = 3 分，"本科" = 4 分，"硕士及以上" = 5 分。

（3）家庭参与家庭农场数（人）。家庭农场的发展壮大，仅靠农场主的力量显然不够，而雇用非家庭成员的劳动力，将产生大量的监督成本及交易费用，背离了家庭农场激励方面的优势，故家庭成员参加家庭农场劳动的数量影响家庭农场的发展潜力。

（4）参加农业技术培训或考察（次）。科学技术是第一生产力，掌握与采用农业新技术对家庭农场的发展非常重要，家庭农场主尽可能多地参加农业技术培训或考察，学习与借鉴他人的经验。

2. 物质资本

（1）家庭农场土地面积（亩）。一般来说，粮食及苗木种植类家庭农场对土地的需要量较大，其土地面积与发展潜能与之成正比。相对而言，蔬菜种植类、养殖类家庭农场等其他资本密集型家庭农场对土地面积的要求较小。但总体来说，在适度的规模内，家庭农场的土地面积越大，其发展空间则越好，即潜力越大。

（2）家庭农场年均投资额（万元）。包括家庭农场的固定资产与流动资产的年均投资额，作为"理性经济人"的家庭农场主，年均投资越大，说明预期收益将越高，反映出发展潜能越好。

（3）注册资金（万元）。家庭农场的注册资金是工商部门授予其经营管理的财产或企业法人自有财产的数额体现。一般来说，注册资金可反映家庭农场的经济实力，故作为衡量其发展潜力的指标。

3. 社会资本

（1）政府支持力度（分值）。家庭农场发展的初级阶段，当地政府支持力度的大小直接影响其发展前途。此指标作为定性指标，采用五档量表，"非常高" = 5 分，"较高" = 4 分，"一般" = 3 分，"较低" = 2 分，"非常低" = 1 分，由家庭农场主填写问卷获取。

（2）资金借贷难度（分值）。农业贷款的难易程度与家庭农场扩大规模再生产有最直接的联系，借贷越容易，家庭农场的发展潜力越好。该指标属定性指标，采用五档量表，"非常容易" = 5 分，"较容易" = 4 分，"一般" = 3 分，"较难" = 2 分，"非常难" = 1 分。

（3）土地流转难度（分值）。当地农地越容易流转，家庭农场越易扩大规模，发展潜力固然越大。"非常容易" = 5 分，"较容易" = 4 分，"一般" = 3 分，"较难" = 2 分，"非常难" = 1 分，属定性指标。

（4）农业社会化服务程度（分值）。是指农业相关的社会经济组织对家庭农场提供产前、产中、产后的专业化服务。当地农业社会化服务程度越高，家庭农场的发展潜力越大。该指标采用五档量表，"非常高" = 5 分，"较高" = 4 分，"一般" = 3 分，"较低" = 2 分，"非常低" = 1 分，由家庭农场主填写问卷获取，属定性指标。

五、确定评价指标体系权重的方法

权重的确定是建立评价指标体系最重要的一个步骤，其直接影响到评价的结果。本书借鉴相近的研究成果，结合德尔菲法（Delphi）和层次分析法（AHP）来确定家庭农场评价指标的权重。德尔菲法又名专家咨询法，是依据系统的程序，采用匿名发表意见的方式，即团队成员之间不得互相讨论，不发生横向联系，只能与调查人员发生关系，最后集结问卷填写人的共识及搜集各方意见。其大致流程是在对所要预测的问题征得专家意见后，进行整理、归纳、统计，再匿名反馈给各专家，再次征求意见，再集中，再反馈，直至得到一致的意见，过程见图 6 - 1。层次分析法是将决策问题按总目标、各层子目标、评价准则直至具体的备投方案的顺序分解为不同的层次结构，然后用求解判断矩阵特征向量的办法，求得每一层次的各元素对上一层次某元素的优先权重，再用加权求和的方法递阶归并各备择方案对总目标的最终权重，此最终权重最大者即为最优方案。德尔菲法和层次分析法在理论上相对成熟，应用简便易行，能够降低制定者主观因素的干扰，可以将定性指标和定量指标统一起来，对非定量因素进行定量分析，而且在各层次指标权重的研究和计算上较为科学。

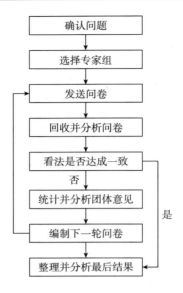

图 6-1 德尔菲法流程

具体计算步骤如下：

(一)因素的判断矩阵

确认每一层中各因素对上一层次因素的重要程度，即每个因素对于上层因素重要性的确认隶属度。权重集的确认采用层次分析法。基本步骤为：在因素层次划分模型的基础上，采用 1~9 比率标度法(见表 6-2)进行同层次两两因素间相对上层因素的相对重要性比较，构造判断矩阵 M，此步骤运用德尔菲法请九名专家经过汇总得到指标重要性判定的基本结论。

表 6-2 判断矩阵 1~9 比率标度及其含义

量化值	因素比因素含义
1	表示两因素相比，具有同等的重要
3	表示两因素相比，一个因素比另外的因素稍微重要
5	表示两因素相比，一个因素比另外的因素明显重要
7	表示两因素相比，一个因素比另外的因素强烈重要
9	表示两因素相比，一个因素比另外的因素极度重要
2，4，6，8	两相邻判断之中间值

(二)求出其大特征根及对应的特征向量 W

归一化后，即为某一层次指标对于上一层次某相关指标的相对重要性权值。为了计算方便，本书运用层次分析法中的近似算法——方根法，计算工具采用 Excel。

$$计算 \overline{w_i} = \left(\prod_{j=1}^{k} a_{ij} \right)^{\frac{1}{k}}, \quad i = 1, 2, 3, \cdots, k \tag{6-1}$$

第 j 个分量为判断矩阵第 j 行元素相乘再开方，规范化（归一化）后得到：

$$w_i = \frac{\overline{w_i}}{\sum_{i=1}^{k} \overline{w_i}} \tag{6-2}$$

w_i 即为特征向量 $W = （w_1, w_2, \cdots, w_k）T$ 的第 i 个分量，k 表示矩阵的阶数。最大特征根为：

$$\lambda_{max} = \sum_{i=1}^{n} \frac{(MW)_i}{nw_i}, \quad 其中（MW）_i 是 MW 的第 i 个分量。$$

一致性检验：判断矩阵的一致性指标 $CI = \dfrac{\lambda_{max} - k}{k - 1}$。 $\tag{6-3}$

1~9 阶矩阵的平均随机一致性指标 RI 如表 6-3 所示。

表 6-3　平均随机一致性指标 RI 取值参考

阶数	1	2	3	4	5	6	7	8	9
RI	0.00	0.00	0.52	0.89	1.12	1.26	1.36	1.41	1.46

CI 越小（一般不大于 2），说明一致性越大。考虑到一致性的偏离可能是由于随机原因造成的，因此，在检验判断矩阵是否具有满意的一致性时，还需将 CI 和平均随机一致性指标 RI 进行比较，得出检验系数 CR，即：

$$CR = \frac{CI}{RI} \tag{6-4}$$

如果 CR < 0.1，则认为该判断矩阵通过一致性检验，否则就不具有满意一致性，需要对判断做出调整。$W = （w_1, w_2, \cdots, w_k）$ 为权重向量，对于 n 个专家，这样的权重向量就有 n 个。如果每个专家的地位相同，可以进行算术平均得到最终权重向量。否则，先用上述同样的方法求出专家的权重向量，然后加权平均，如果专家的权重向量为 $P = （p_1, p_2, \cdots, p_n）T$，$\sum_{i=1}^{n} p_i = 1$，$0 \leq P_i \leq 1$，则 $W = [W_1, W_2, \cdots, W_k] P$。

（三）得出第三层因素相对第二层因素的权重向量

$$W_1 = （w_1, w_2, w_3, w_4）^T \tag{6-5}$$

$$W_2 = （w_1, w_2, w_3）^T \tag{6-6}$$

$$W_3 = (w_1, w_2, w_3)^T \tag{6-7}$$

$$W_4 = (w_1, w_2, w_3, w_4)^T \tag{6-8}$$

$$W_5 = (w_1, w_2, w_3)^T \tag{6-9}$$

$$W_6 = (w_1, w_2, w_3, w_4)^T \tag{6-10}$$

用同样的方法，可以得到第二层因素相对第一层的权重 W：

$$W_7 = (w_1, w_2, w_3)^T \tag{6-11}$$

$$W_8 = (w_1, w_2, w_3)^T \tag{6-12}$$

用同样的方法，可以得到第一层因素相对目标层的权重 W：

$$W = (w_1, w_2)^T \tag{6-13}$$

六、评价指标体系权重确定

按照上述确定评价指标体系权重的方法，首先，向九名来自不同行业熟悉家庭农场情况的专家以函件的形式进行征询（其中大学农业经济管理教授三名、区域经济学教授一名、湖南省委农村工作部主管家庭农场政策研究官员两名、湖南省农村经营管理局官员一名、湖南省农业科学院研究员一名、常宁市政府分管农业领导一名），对各指标的相对重要性进行独立判断和评分。其次，将其进行加权汇总，得到各层次的判断矩阵。最后，通过判断矩阵计算出各指标的权重，当 $CR < 0.1$ 时，通过一致性检验，则判断矩阵具有满意的一致性，即通过检验。限于篇幅，本书以二级目标层经济绩效为例叙述运用层次分析法确定权重的过程。

第一，构造判断矩阵（见表 6-4）。

表 6-4 $C_1 - D_i$ 判断矩阵

C1	D1	D2	D3	D4	WDi	CR
D1	1	2	1	3/4	0.2705	
D2	1/2	1	1/2	1	0.1728	
D3	1	2	1	1/2	0.2444	0.0173 < 0.1
D4	4/3	1	2	1	0.3122	
Σ					1.0000	

第二，由 $\lambda_{max} = \dfrac{1}{n} \sum_{i=1}^{n} \dfrac{(HW)_i}{W_i}$ 运算得出 C_1 的最大特征值 $\lambda_{max} = 4.2957$，相应的特征值 $W = (0.2705, 0.1728, 0.2444, 0.3122)^T$，即劳动生产率在子系统层经济绩效中占 27.05%，土地产出率占 17.28%，成本费用利润率占 24.44%，高

于当地农民年纯收入比例占 31.22%；再根据 $CI = \dfrac{(\lambda_{max} - n)}{(n - 1)}$ 求得 $CI = 0.0156$，RI 为平均随机一致性指标，从数值工具表可查得。

第三，由 $CR = \dfrac{CI}{RI}$ 计算得出 $CR = 0.0173 < 0.1$，表明判断矩阵的结果有效。

其他各指标按同理计算得出，各指标权重如表 6-5 所示。

表 6-5　家庭农场综合评价指标体系

目标层	一级指标	权重（%）	二级指标	权重（%）	三级指标	权重（%）
家庭农场综合指数 A	B₁ 经营绩效	66.67	C₁ 经济绩效	36.69	D_1 劳动生产率（万元/人）	9.92
					D_2 土地产出率（万元/亩）	6.34
					D_3 成本费用利润率（%）	8.97
					D_4 高于当地农民年纯收入比例（%）	11.45
			C₂ 社会绩效	13.95	D_5 社会贡献率（%）	6.41
					D_6 顾客满意度（分值）	4.45
					D_7 区域示范效应（分值）	3.09
			C₃ 生态绩效	16.03	D_8 化肥、农药、农膜使用强度（%）	7.11
					D_9 农业有机废弃物利用率（%）	6.21
					D_{10} 周边居民满意度（分值）	2.71
	B₂ 发展潜能	33.33	C₄ 人力资本	16.45	D_{11} 农场主年龄（分值）	5.12
					D_{12} 农场主文化程度（分值）	5.50
					D_{13} 家庭参与农场劳力数（人）	3.52
					D_{14} 参加农业技术培训或考察（次）	2.31
			C₅ 物质资本	10.36	D_{15} 家庭农场土地面积（亩）	3.22
					D_{16} 家庭农场年均投资额（万元）	5.11
					D_{17} 注册资金（万元）	2.03
			C₆ 社会资本	6.52	D_{18} 政府支持力度（分值）	1.27
					D_{19} 资金借贷难度（分值）	1.80
					D_{20} 土地流转难度（分值）	2.55
					D_{21} 社会化服务程度（分值）	0.90

七、家庭农场综合得分计算

家庭农场综合得分计算分为两步：第一，运用"功效系数法"对各指标的原始数据进行无量纲化处理，正向指标的无量纲化处理公式为：$D_{ij} = \dfrac{X_{ij} - X_{min}}{X_{max} - X_{min}}$，

负向指标的无量纲化处理公式为：$D_{ij} = \dfrac{X_{max} - X_{ij}}{X_{max} - X_{min}}$，$X_{ij}$ 表示当前项指标数值，

X_{max} 表示本档最大指标值，X_{min} 表示本档最小指标值。无量纲化后的各指标数据居于 $0 \sim 1$，且各指标必定出现最大值 1 和最小值 0。第二，将各指标的无量纲化数据乘以各项指标的权重，再进行加总。计算公式为：$A_j = \sum\limits_{i=1}^{21} W_i D_{ij}$，$A_j$ 表示第 j 个家庭农场的综合得分，W_i 为第 i 个指标的权数，D_{ij} 为第 j 个家庭农场指标无量纲化数据。由此，可计算出各家庭农场的综合得分。

第二节　家庭农场综合评价指标体系的应用

根据建立的家庭农场综合评价指标体系，以本书调研的家庭农场为例，通过比较它们的得分与排名情况，从中评选出示范性家庭农场。

一、样本来源

原始数据通过三种方式获取：一是通过征询各县（市）主管家庭农场的政府部门，了解当地家庭农场的总体发展状况，由相关工作人员填写调查问卷，获取相关数据。二是本书于 2013 年暑假实地考察了湖南省 66 家家庭农场，通过访谈及农场主填写的调查问卷，了解各家庭农场的发展情况，并在 2014 年暑假，再次对其中一些县级示范性家庭农场进行追踪调查，获取了 2013 年、2014 年的数据。三是通过向家庭农场周边农户及农产品经纪人发放调查问卷，获取评价指标体系中所需的数据。为了便于研究及限于篇幅，从调查的 66 家家庭农场中，抽取了 2013 年各地首批注册的 8 家种植类或种养结合类家庭农场进行评价（原始数据见表 6 - 6）。

二、指标数据处理

根据前文的计算方法，首先把原始数据运用"功效系数法"按年份分开进行无量纲化处理（见表 6 - 7）；其次计算各家庭农场 2013 年与 2014 年的综合得分；最后根据得分排序（见表 6 - 8）。

表6-6　家庭农场评价指标原始数据

家庭农场名称（代号）	生产种类	年份	D1（万元/人）	D2（元/亩）	D3（%）	D4（%）	D5（%）	D6 分值	D7 分值	D8（%）	D9（%）	D10 分值	D11 分值	D12 分值	D13（人）	D14（次）	D15（亩）	D16（万元）	D17（万元）	D18 分值	D19 分值	D20 分值	D21 分值
湘阴县杨强家庭农场（A1）	水稻	2013	25.92	2145	66	806	67	5	5	73	90	4	2	5	5	2	1200	100	180	4	2	3	4
	水稻	2014	47.20	2160	72	993	65	5	5	72	90	5	2		8	3	1700	150		5	2	3	4
常宁市郭新华家庭农场（A2）	油菜	2013	10.15	2016	90	354	54	4	4	61	60	4	2	2	2	1	100	20	30	4	3	4	3
	水稻	2014	10.60	2010	88	381	56	4	4	63	65	5	2		2	2	110	20		5	3	3	3
石门县丰瑞乐家庭农场（A3）	紫薯	2013	32.13	4020	81	855	69	5	5	56	90	5	3	3	5	4	513	120	200	5	2	3	4
	水稻	2014	35.02	3600	67	780	60	4	5	62	85	5	3		5	1	681	150		5	3	4	4
常德市志强家庭农场（A4）	水稻	2013	17.46	2520	85	805	62	5	5	52	70	5	2	1	2	1	140	30	60	4	2	3	4
	莲蓬	2014	16.94	2397	83	860	70	4	5	50	70	5	1		3	2	212	40		4	3	3	4
宜章县李吉亮家庭农场（A5）	蔬菜	2013	12.10	4840	76	486	68	4	4	73	50	4	3	2	3	2	75	25	50	4	2	4	3
	蔬菜	2014	11.90	4960	78	460	64	5	5	74	55	5	3		5	2	120	35		5	3	3	3
益阳市卫民家庭农场（A6）	蛋鸡	2013	31.00	6200	68	792	66	4	4	68	90	4	3	3	4	3	300	125	100	4	2	3	3
	水稻	2014	35.00	6985	73	831	72	5	4	68	90	4	3		5	4	300	140		4	2	3	4
花垣县一把手家庭农场（A7）	蔬菜	2013	25.60	5120	68	945	61	4	4	70	70	4	3	2	4	3	200	50	50	4	3	2	2
	药材	2014	28.77	5230	71	966	64	5	4	72	75	5	3		4	4	220	65		5	3	3	2
茶陵县晚文家庭农场（A8）	水稻	2013	24.06	2430	75	908	61	4	4	74	80	4	3	2	2	1	198	35	50	4	2	3	3
	水稻	2014	31.59	2250	72	885	58	4	4	74	80	4	3		2	1	260	38		5	2	4	4

表6-7 家庭农场评价指标无量纲化数据

代号	年份	D1 (万元/人)	D2 (元/亩)	D3 (%)	D4 (%)	D5 (%)	D6 (分值)	D7 (分值)	D8 (%)	D9 (%)	D10 (分值)	D11 (分值)	D12 (分值)	D13 (人)	D14 (次)	D15 (亩)	D16 (万元)	D17 (万元)	D18 (分值)	D19 (分值)	D20 (分值)	D21 (分值)
A1	2013	0.72	0.03	0.00	0.76	0.87	1.00	1.00	0.05	1.00	0.00	0.00	1.00	1.00	0.50	1.00	0.76	0.88	0.00	0.00	0.50	1.00
	2014	1.00	0.03	0.24	1.00	0.56	1.00	1.00	0.08	1.00	1.00	0.50	1.00	1.00	0.67	1.00	1.00	0.88	1.00	0.00	0.50	1.00
A2	2013	0.00	0.00	1.00	0.00	0.00	0.00	0.00	0.59	0.25	0.00	0.00	0.25	0.00	0.00	0.02	0.00	0.00	0.00	1.00	1.00	0.50
	2014	0.00	0.00	1.00	0.00	1.00	0.00	0.00	0.46	0.29	1.00	0.50	0.25	0.00	0.33	0.00	0.00	0.00	1.00	1.00	0.50	0.50
A3	2013	1.00	0.48	0.63	0.85	0.25	0.00	1.00	0.82	1.00	1.00	1.00	0.50	1.00	1.00	0.39	0.95	1.00	0.00	0.00	0.50	1.00
	2014	0.67	0.32	0.00	0.65	0.53	1.00	1.00	0.50	0.86	1.00	1.00	0.50	0.50	1.00	0.36	1.00	1.00	1.00	0.00	1.00	1.00
A4	2013	0.33	0.12	0.79	0.76	0.88	0.00	1.00	1.00	0.50	0.00	0.00	0.00	0.00	0.00	0.06	0.10	0.18	0.00	0.00	1.00	1.00
	2014	0.17	0.08	0.76	0.78	0.93	0.00	1.00	1.00	0.43	1.00	1.00	0.00	0.17	0.33	0.06	0.15	0.18	0.00	1.00	0.50	1.00
A5	2013	0.09	0.68	0.42	0.22	0.50	0.00	0.00	0.05	0.00	0.00	1.00	0.25	0.33	0.50	0.00	0.05	0.12	0.00	0.00	1.00	0.50
	2014	0.04	0.59	0.52	0.13	0.80	1.00	1.00	0.00	0.00	1.00	1.00	0.25	0.50	0.33	0.01	0.12	0.12	1.00	1.00	1.00	0.50
A6	2013	0.95	1.00	0.08	0.74	1.00	0.00	0.00	0.27	1.00	0.00	0.00	0.50	0.67	0.50	0.20	1.00	0.41	0.00	0.00	0.50	0.50
	2014	0.67	1.00	0.29	0.74	0.47	0.00	0.00	0.25	1.00	0.00	0.00	0.50	0.50	0.33	0.12	0.92	0.41	0.00	1.00	0.50	1.00
A7	2013	0.70	0.74	0.08	1.00	0.47	1.00	0.00	0.18	0.50	1.00	1.00	0.25	0.67	1.00	0.11	0.29	0.12	1.00	1.00	0.50	0.00
	2014	0.50	0.65	0.19	0.96	0.50	0.00	0.00	0.08	0.57	1.00	1.00	0.25	0.33	1.00	0.07	0.35	0.12	1.00	1.00	0.00	0.00
A8	2013	0.63	0.10	0.38	0.94	0.47	0.00	0.00	0.00	0.75	0.00	1.00	0.25	0.00	0.00	0.11	0.14	0.12	0.00	0.00	0.50	0.50
	2014	0.57	0.05	0.24	0.82	0.13	0.00	0.00	0.00	0.71	0.00	1.00	0.25	0.00	0.00	0.09	0.14	0.12	1.00	0.00	1.00	1.00

表 6-8 家庭农场综合评价比较得分及排序

家庭农场名称	2013 年		2014 年		排名变动
	综合得分	排名	综合得分	排名	
湘阴县杨强家庭农场	56.95	3	71.04	1	↑2
常宁市郭新华家庭农场	20.97	8	26.21	8	0
石门县丰瑞乐家庭农场	82.25	1	59.15	2	↓1
常德市志强家庭农场	48.27	4	45.87	5	↓1
宜章县李吉亮家庭农场	30.07	7	39.69	6	↑1
益阳市卫民家庭农场	57.95	2	56.85	3	↓1
花垣县一把手家庭农场	46.27	5	51.47	4	↑1
茶陵县晚文家庭农场	38.19	6	35.26	7	↓1

三、评价结果与分析

由表 6-8 可知，在进行比较的 8 个家庭农场中，湘阴县杨强家庭农场（2013 年得分 56.95；2014 年得分 71.04 分）、石门县丰瑞乐家庭农场（2013 年得分 82.25；2014 年得分 59.15 分）、益阳市卫民家庭农场（2013 年得分 57.95 分；2014 年得分 56.85 分），这三家综合得分稳居前列，可作为示范性家庭农场。尤其是湘阴县杨强家庭农场，在两年的发展时间里，综合得分增幅较大。究其原因，农场土地经营规模由 2013 年的 1200 亩，扩大至次年的 1700 亩，产生规模经济效应。加之高度的机械化，提高了人均产值及劳动生产率。另外，家庭农场主杨强拥有研究生学历，善于学习和采用农业新技术，精于农场管理与市场经营。以上分析，说明湘阴县杨强家庭农场有较好的经营绩效，也显示其有较大的发展潜力。相比之下，由于经营规模较小，人均产值较低的常宁市郭新华家庭农场，2014 年较之前一年综合得分小幅增加（2013 年得分 20.97；2014 年得分 26.21 分），但得分仍然较低，排名靠后。同时也可以看出，家庭农场主的文化程度越高，其家庭农场经营绩效越好，发展潜力越大。这些评价结果较为客观地反映了 8 个家庭农场的真实面貌，说明本指标体系具有较好的参考价值。

各地农业主管部门，可参考上述方法，运用家庭农场综合评价指标体系，评选各级示范性家庭农场，为其他家庭农场提供学习榜样，以起到示范作用。同时，对经济绩效、社会绩效或人力资本等某方面突出的家庭农场实施适当奖励，对农地流转难、资金借贷难等问题制定有针对性的政策，逐步完善提高，为家庭农场的发展创造条件。

四、注意的问题

在湖南省家庭农场发展情况调研的基础上，本书试图构建家庭农场综合评价指标体系，在实际应用中，有以下四个问题值得注意：

第一，指标体系的设计从投入（发展潜能）与产出（经营绩效）两个维度进行考虑，这是由于大多数地区的家庭农场处于以政府引导的半市场化的探索阶段，政府相关的扶持政策还处在不断探索和完善的过程中，显然有别于发达国家以市场化与社会化主导的成熟阶段。这两个维度的权重在家庭农场发展水平不同的地区可以进行适当的调整。随着发展水平的提高，经营绩效维度的权重应当加重，而发展能力维度的权重随之降低。

第二，在本评价体系中，有些指标可根据数据采集的难易程度进行更换，例如，"社会贡献率"这个指标，在数据采集过程中，家庭农场主可能虚报，这样就失去了本来的设计意图。为此，可更换为数据较易获取的"绿色产品开发能力"或"绿色产品生产比率"指标。

第三，定性指标在本体系中占据较大的比例，是基于家庭农场发展的初期，很多本可定量化的数据无法收集与统计。随着家庭农场的发展，这些定性指标可逐步由定量指标替代，提高指标的客观性。

第四，家庭农场可分为种植类、养殖类、种养结合等类型，经营产品类型众多，差异太大。为此，在进行比较时，为了增强可比性，应选择相同类型的家庭农场。总而言之，这些问题提示要与时俱进，不断完善本指标体系，但并不影响本书构建家庭农场综合评价指标体系的尝试。

第七章　湖南省家庭农场实践

第一节　湖南省家庭农场发展的条件分析

一、得天独厚的自然条件

自古以来，就有"湖广熟，天下足"之说，充分体现了湖南省农业在全国重要的地位。洞庭湖鱼类资源丰富、湖区农作物以水稻种植为主，因此，湖南省又有"鱼米之乡"的美称，是我国传统农业大省。湖南省得天独厚的地理环境，为家庭农场的发展提供了优越的自然条件，主要表现在以下四个方面。

（一）地形地貌

全省总面积 21.18 万平方公里，山地 1333.3 万公顷，河湖水面积 135.4 万公顷，耕地面积 333.3 万公顷左右，大体是"七山一水二分田"。全省山丘平湖齐备，三面环山，由南向北逐渐倾斜呈马蹄形盆地。东有罗霄山脉，南有南岭山脉，西有武陵山、雪峰山脉，它们大多在海拔 1000 米左右；中部大多都为丘陵与盆地相间，海拔 200～500 米；北部有成带连片的滨湖平原，以洞庭湖为中心和河谷平原及外围低山，海拔多在 50 米以下。这种多样性的地形地貌，为家庭农场发展多样经营项目提供了条件。

（二）气候特征

湖南属亚热带季风湿润气候区，热量资源丰富，光照充足，雨量充沛，无霜期长。年平均气温 16～18 摄氏度，无霜期 265～310 天，全年日照 1300～1800 小时，年总辐射量 100～110 千卡/平方厘米。可以用四句话概括湖南的气候特征：气候温和，四季分明；热量充足，降水集中；春温多变，夏秋多旱；严寒期短，暑热期长。这种亚热带季风湿润气候，为农作物进行光合作用提供了充足的阳光和雨水。

（三）土壤条件

湖南土壤类型多，资源丰富，地带性土壤或垂直带土壤分为红壤、黄壤、黄棕壤、山地草甸土四个土类；非地带性土壤和耕作影响形成的土壤分为红色石灰土、黑色石灰土、紫色土、潮土、粗骨土、石质土、红黏土、沼泽土及水稻土等土类。红壤面积最大，占全省土壤总面积的1/2，是湖南主要旱作土壤；黄壤占全省土壤总面积的19.4%，是经营果树类家庭农场适宜的土壤，黄棕壤约占全省土壤总面积的2.4%，适于发展经济林木、药材类家庭农场；山地草甸土，分布在1200~1500米山顶开阔处。石灰土、紫色土、潮土分别占全省土壤总面积的6.9%、6.1%和2.5%。粗骨土、石质土、红黏土零星分布于全省各地。水稻土占全省土壤总面积的16.5%，是湖南省粮、棉、油的主要生产基地，适于发展粮食生产、蔬菜种植类家庭农场。

（四）水利条件

湖南境内河流众多，属长江流域洞庭湖水系，5公里以上的河流5341条。主要河流为湘、资、沅、澧四水，自东而西分别汇入洞庭湖。长江的松滋、太平、藕池三口自北向南注入洞庭湖，形成以洞庭湖为中心的辐射状水系，境内径流总长度43000多公里。湘江，又称湘水，为湖南第一大河流，是长江七大支流之一。优越的水利条件为家庭农场经营各类农作物提供了丰富的水资源。

从湖南省的自然条件可以看出，多样的地形地貌以及光、热、水配合良好的特点，有利于农业生产，为发展各类家庭农场提供了先天良好的自然条件。

二、三大历史性变迁的社会条件

黄宗智提出，中国农业正面临着一个历史发展契机。这主要源自三大趋势的交汇：自20世纪80年代以来人口生育率的显著下降，导致90年代以后新增劳动力的递减；每年超过1%的城镇化推进速度及其大规模的非农就业；伴随国民收入上升而来的食物消费结构转型，从以粮食为主的模式转向粮—肉、鱼—菜、水果兼重的模式，并因此形成对农业生产的不同需求，推动更高劳动投入以及成比例、超比例价值农产品的需求。这三大历史性契机是推动家庭农场发展的社会条件。基于现实的考察，这三大历史性变迁同样发生在湖南省。

（一）人口数量的下降

人口"过密化"是人地关系紧张的根源，是家庭农场发展的瓶颈。湖南省第二次土地调查（2014年）数据显示，全省总人口6900.20万人，耕地6202.5

万亩，人均耕地约0.9亩，接近联合国确定的0.8亩警戒水平，人地关系的局势比较紧张。但从湖南省的人口增长态势来看（见图7－1），在2012年以前，人口数量逐年增加，达到最高点7179.87万人。以2012年为拐点，全省人口数量开始减少，2014年减少到6737.24万人，2015年出现回升的迹象，但仅比2014年增加46万人。同时，本书参考侯银莉（2010）、苏昌贵（2014）、陈国柱（2011）等关于湖南省人口预测的研究。该研究认为，湖南省从目前至2050年，人口数量总体呈递减的趋势，到2050年，湖南省总人口数将降至4622.30万人。湖南省未来35年内人口数量递减的趋势，有利于缓解人地紧张关系，为发展家庭农场创造了条件。

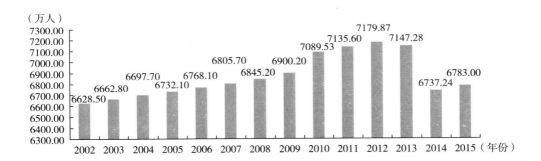

图7－1　湖南省2002～2015年人口数量

资料来源：根据《湖南省统计年鉴》（2002～2015）整理。

（二）快速的城镇化及大规模的非农就业

规模化经营是家庭农场的基本特征，要实现农业规模化经营，只有在更高的城镇化之后，才能转移农村剩余劳动力从事非农就业，减少农业从业人口，提高农村人口农地占有面积。自改革开放以来，湖南省的城市化进程，在过去的30多年里基本稳健。1990年，湖南省城镇人口占总人口的17.55%，到2015年增长到50.89%，翻了近两番（见图7－2）。目前，湖南省委省政府制定了《湖南省新型城镇化规划（2015～2020年)》，构建"一核两带三组团"城镇化发展蓝图。未来几年，湖南省城镇化水平和质量将继续稳步提升。到2020年，城镇化率将达到58%左右。由此，本书认为，按照目前这个趋势，如果今后30年每年增加1个百分点，那么30年后湖南省城镇居住人口将超过2/3。

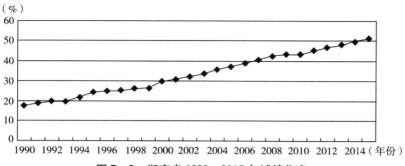

图 7 - 2　湖南省 1990 ~ 2015 年城镇化率

资料来源：根据《湖南省统计年鉴》（1990 ~ 2015）整理。

伴随着湖南省城镇化进程的快速推进，非农就业的人数增长速度也随之加快，而务农人数逐年减少（见图 7 - 3）。2000 年，湖南省从业总人数 3577.58 万人，其中，农业从业人数 2832.04 万人，非务农从业人数 745.54 万人。2013 年，湖南省从业总人数 4035.45 万人，其中，农业从业人数 2463.99 万人，非农从业人数 1571.46 万人。据湖南省人社厅数据显示，2014 年，湖南新增城镇就业 82.68 万人，增速达 3.23%；新增农村劳动力转移就业 68 万人，转移就业总规模达 1470 万人。本书认为，农业从业人数的下降趋势将会持续下去。加之前文分析得出的结论，湖南省人口总量在未来 35 年内将出现递减的趋势。因此，农村人口就业正处于两大趋势的交汇之际，持续的人口总数降低和非农从业人口的持续增加，导致农业从业人口的持续下降。由此将进一步缓解人地紧张的关系，为家庭农场的发展奠定了坚实的要素（土地）基础。

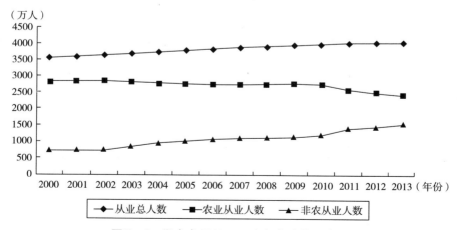

图 7 - 3　湖南省 2000 ~ 2013 年劳动从业情况

资料来源：根据《湖南省统计年鉴》（2000 ~ 2013）整理。

（三）食品消费结构转型

农村人口数量和农业从业人员的减少会产生两个结果：一是农村人均农地占有量增加，以及分享农业收入的人数减少，农业人均收入随之提高；二是第二、第三产业从业人口增加，而这部分人的收入水平提高，必将提高农产品的消费水平。反过来，食品消费需求的提高又将刺激农业的生产。由此，食品消费需求与农业生产形成了良性循环，必然推动家庭农场的发展。食品消费结构的转型表现为两个方面：一是食品消费结构的升级；二是食品消费的上升空间。图 7 - 4、图 7 - 5 参考付中喜（2014）关于湖南省城市居民食物摄入量变化的研究绘制而成。从图中可以发现，粮食消费量显著下降，而肉类、食用油、蛋类、奶及其制

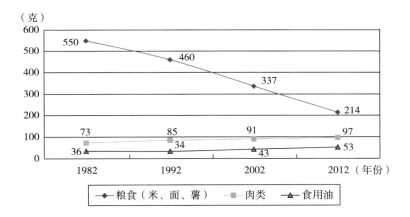

图 7 - 4　1982 ~ 2012 年湖南省城市居民粮、肉、油类食物摄入情况

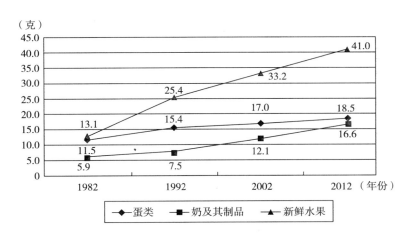

图 7 - 5　1982 ~ 2012 年湖南省城市居民蛋、奶、水果类食物摄入情况

品等迅速攀升，反映了湖南居民的食品消费在30多年里发生了很大的变化，由过去植物纤维为主转变为兼动（生）物脂肪及高蛋白为主，食品消费结构不断升级。用简单化的表述来形容就是过去居民的食品消费是8∶1∶1的结构，即八成粮食、一成肉食、一成蔬菜，并由此形成"主""副"食之分。当今已转化为4∶3∶3型，即四成粮食、三成肉—蛋（奶）、三成蔬—果，在这种食品消费结构下，"主""副"食已无明显的界限。

随着湖南省居民收入的逐年提高，食物消费结构的升级反映在对品质的要求上。不仅要吃得饱，更要吃得好。根据联合国粮农组织的统计，我国大陆居民的人均营养水平与周边的日本、韩国和中国台湾接近，即每日3000卡路里左右。但从食物结构来看，我国大陆居民的肉类、鱼类、奶（蛋）消费水平比较低，还有较大的上升空间。本书借鉴黄宗智的研究方法，根据全国城镇平均和城镇中上层40%收入组的消费量来估算全国食品消费的上升空间（见表7-1）。如表7-1所示，首先，人均奶制品消费量的上升空间最大，超过一倍多；其次，水果上升空间达72%，牛肉为69%，蛋及制品为45%；猪肉和羊肉的上升空间还有30%。从相关研究来看，湖南省与全国的总体消费水平和结构并无很大差别，与表7-1数据基本接近。

表7-1 1982～2012年全国城市居民各类食物摄入情况

项目	全国（千克）	城镇（千克）	农村（千克）	城镇中上层40%人均（千克）	距城镇人均上升空间（%）	距城镇中上层40%上升空间（%）
奶制品	11.67	17.90	5.16	23.42	53	101
蛋及制品	7.80	10.12	5.40	11.28	30	45
水果	38.97	52.02	21.30	63.7	41	72
猪肉	17.55	20.63	14.42	22.9	18	30
牛肉	1.89	2.77	0.98	3.21	46	69
羊肉	1.05	1.18	0.92	1.36	12	30

资源来源：根据《中国统计年鉴》（2013）整理。

通过对湖南省居民食物消费趋势以及对食物消费上升空间的估算，本书认为，在食品需求基本自给的假设下，未来湖南省对高品质农产品的需求会持续增加。当然，由于统计数据的欠缺和预测的内容过于宽泛，因此，进行精确的测算难以实现，而本书的目的不在于得出农产品需求精确的数据，而在于通过以上测算，说明社会对高品质农产品需求的巨大空间。对高品质农产品的巨大需求，必然刺激家庭农场的发展，为湖南省家庭农场的发展提供诱致性因素。

总而言之，湖南省家庭农场的发展正处于三大历史性变迁交汇的契机中。持续下降的人口数量，快速的城镇化和大规模的非农就业以及食物消费的结构转型，将会导致务农人数的显著下降。这一下降正好与农业向相对高价值和高劳动需求产品转型同步，结果是务农人员人均农地面积增加以及农业收入的提高，而传统小规模的农业经营方式无法承担这一历史重任，小部分能干的农民必然实行规模化经营，以家庭农场为代表的现代农业组织应运而生，发展前景一片广阔。

第二节　湖南省家庭农场发展的现状

一、家庭农场经营类型

湖南省家庭农场的经营项目覆盖农、林、牧、渔各个产业，从 2014 年一些市（州）公布的数据来看（见表 7 - 2），以种植类与养殖类为主。长沙市培育家庭农场 770 个，种植业 332 个，养殖业 383 个，种养结合 55 个；湘潭市共有各类家庭农场 109 个，从事种植业的有 45 个，养殖业的有 50 个，种养结合的有 14 个；衡阳市拥有各类家庭农场 5595 个，种植类家庭农场 2609 个，养殖类家庭农场 2152 个，种养结合类 707 个，以农家乐形式的 127 个；益阳市有家庭农场 2147 个，以种植业为主的有 1567 个，以养殖业为主的有 576 个，种养结合的有 4 个；张家界市已发展家庭农场 2490 个，以种植业为主的有 1008 个，以养殖业为主的 1482 个。总体而言，除益阳市之外，其他四个市的种植类与养殖类家庭比例差不多。

表 7 - 2　湖南家庭农场类型

项目	种植类（个）	比例（％）	养殖类（个）	比例（％）	种养结合类（个）	比例（％）	总计（个）
长沙	332	43.12	383	49.74	55	7.14	770
湘潭	45	41.28	50	45.87	14	12.84	109
衡阳	2609	46.63	2152	38.46	834	14.91	5595

项目	种植类（个）	比例（%）	养殖类（个）	比例（%）	种养结合类（个）	比例（%）	总计（个）
益阳	1567	72.99	576	26.83	4	0.19	2147
张家界	1008	40.48	1482	59.52	—	—	2490

资料来源：2014 年湖南省部分市（州）公布的数据。

二、家庭农场收益

由于家庭农场经济收入涉及其商业秘密，家庭农场主很难透露真实情况。本书在实际调研中，对经济收入栏设置了四个选项，分别是 15 万元以下，15 万~25 万元，25 万~35 万元，35 万元以上。本书在 301 份调查问卷中，四个选项被选择的频次依次是 40、197、53、11，各选项所占比例依次是 13.29%、65.45%、17.61%、3.65%（见图 7-6）。由此可见，超过一半的家庭农场年纯收入在 15 万~25 万元。从近三年一些市（县）公布的政府数据来看，例如，2015 年株洲市平均每个家庭农场的纯收入达 20 万元，2013 年祁阳县达 25.73 万元，与本书的调研情况大致相同。可见，以 2015 年湖南省农村居民人均年收入 10993 元为参照，家庭农场的纯收入远远超过普通农户的收入水平。

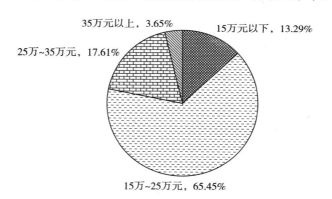

图 7-6　湖南省家庭农场收益情况

资料来源：根据调查统计整理。

三、家庭农场主特征

家庭农场主的特征主要表现在文化程度和来源两个方面。从本书调查结果来看，家庭农场主绝大多数属本村村民，其来源主要有四种类型：第一类是返乡农民工。很多外出务工的农民，凭借在外务工或经商积累的资本以及管理经验，回乡创办家庭农场。第二类是专业大户。一部分长期从事禽畜养殖、水产养殖、水稻种植等专业大户，在多年的务农经历中，具备了规模经营能力，随着家庭农场扶持政策的出台，纷纷注册登记成家庭农场，成为家庭农场主。第三类是专业合作社社员。一些专业合作社社员，为了获得政府补贴的家庭农场专项扶持资金，在已具备规模经营的条件下注册了家庭农场。第四类是工商资本下乡的企业主。不少工商企业特别是农业龙头企业，流转入农村的土地创办了家庭农场。家庭农场主的文化程度方面，近一半的家庭农场主为初中及初中以下学历（见图7-7），与国外家庭农场主相比，存在比较大的差距。反映了不少家庭农场主依赖于传统的农业生产经验，与现代职业农民的文化要求相差较大。

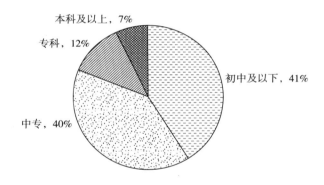

图7-7 湖南省家庭农场主文化程度情况

资料来源：根据调查统计整理。

第三节　面临的主要问题

一、土地流转方面

土地是家庭农场发展最重要的生产要素，由于我国农村土地集体所有性质，家庭农场只能采用流转方式获取土地，湖南省土地流转面临的主要问题有三点：

第一，土地流转难。湖南省平原面积少，以山地、丘陵地形为主，土地细碎化问题尤为突出，很难获得规模连片的土地。在土地流转方式上，很多地方的家庭农场直接与农户进行协商，村级组织没有从中协调，一方面，增加了交易费用；另一方面，一些农民不愿意进行土地流转，他们的"插花地"散布在集体成片流转的土地上，严重影响了家庭农场机械化耕作。此外，现阶段农村土地的性质和功能，决定了农民不愿意也不敢轻易放弃土地使用权，一些村民把土地看成是"保命田"，担心土地流转后没事干，生活来源无保障，宁可粗放经营、抛荒弃耕，也不流转给别人种。第二，流转期限短。一般而言，从事粮食生产的家庭农场流转土地的使用期至少要求五年，水果林木类则更长。而一些村民出于长远考虑，对流转心存顾虑，担心流转出去难以收回，经常出现家庭农场刚刚对土地进行了投入，被流转方又要收回，由此而引发的矛盾和纠纷非常普遍。第三，土地租金上涨快。例如，在益阳赫山区泥江口镇，2013 年当地土地流转价格为 300 元／亩，2014 年为 333 元／亩，由于当年粮食喜获丰收，种粮效益提高，土地流出户要求上涨 2015 年租金。而且，一些家庭农场为进一步扩大经营规模而相互竞争抬高了土地租金，使 2015 年价格上涨到近 400 元／亩。土地租金上涨快，提高了农业生产成本，增加了家庭农场的负担。

二、金融供需方面

现实表明，家庭农场金融需求表现出"需求旺、金额大、期限长"的特点。创办家庭农场的农户，一般都具有一定的原始资金积累，勉强能够维持简单再生产所需的资金，但扩大再生产，必须依靠外源融资。调查结果显示，几乎所有的家庭农场主都表示最缺的就是资金，说明家庭农场对金融服务旺盛的需求。随着家庭农场扩大再生产，先进机械、设备等资本品投入的增加，资本有机构成也随之提高，再生产循环过程中需求的资金更多。尽管通过农村商业银行能够获取贷款资金，但 3 万～10 万元的小额贷款难以满足发展需求。例如，常德市的丰瑞乐家庭农场现已贷款 100 多万元，但仍有添置大型农机、基地基础设施改造等 350 余万元的资金缺口，说明家庭农场金融需求金额大的特点。同时，由于固定资产投资的回收期相对较长，要求贷款的期限也应更长。目前，家庭农场的金融需求与金融机构对家庭农场的金融供给差距比较大，金融机构为家庭农场发展提供的服务比较薄弱，主要表现在以下四个方面：一是产品不覆盖。尽管湖南省农村信用社联合社已经出台家庭农场贷款办法，但对于有些家庭农场上百万元的贷款需求，还没有与之对应的信贷产品。二是方式不对接。目前普遍采取抵押贷款方式，这与家庭农场的资产形式、财产权属特征对接错位，缺乏固定资产积累，而土地、房屋又没有相应的产权，甚至还是租赁获得，难以成为合格的抵押品。三是手续不省心。家庭农场贷款远高于农户小额贷款额度，金融机构必然要经由实地调查、抵押品评估、上报审批等信贷程序，耗时较长，放款比较慢，而家庭农场用款时间紧迫，因而很多情况下只能转向民间贷款。四是服务不及时。金融机构对家庭农场的发展没有给予足够重视，只是当作一般农户或种养大户看待，更没有为之提供针对性的服务。

三、农业社会化服务方面

农业社会化服务体系是农业现代化的重要支撑，健全的农业社会化服务体系，是家庭农场增效、增收的重要保障。随着经济的发展，湖南省多元化的农业社会化服务体系日益健全，服务模式正在不断改进，但相对于家庭农场巨大的需求而言，仍然凸显其落后的现状。目前，家庭农场所需的农业生产服务，除了农机服务自身能够提供以外，新品种推广、新技术应用、病虫害防治、植保、农产品烘干等农业生产性服务都要依赖于外部供给。而湖南省大多数县（市），尤其是经济较落后地区，农业社会化服务体系比较滞后，外部供给不足、供给水平低下。农业技术推广、动植物疫病防控、土地流转等服务还不健全。有些县（市）推广"合作社＋家庭农场"的模式，但合作社提供的农业社会化服务内容单一，以提供生产技术服务与农产品销售服务为主，而且服务层次比较低，无法满足家庭农场多元化的需求。虽然也有不少地方采用"农业龙头企业＋家庭农场"的模式，但由于农业龙头企业与家庭农场的利益联结机制尚不健全，两者关系难以稳固，导致农业龙头企业对提供社会化服务缺乏动力，因而服务意识不足、覆盖率不高。在农业专业化服务组织方面，由于缺乏强有力的政策支持，因此，发育非常缓慢，严重滞后于家庭农场的需要，为家庭农场的发展带来难题。

第八章 国内外家庭农场发展经验与启示

第一节 国外家庭农场发展成功的典型

"他山之石，可以攻玉。"国外家庭农场大致可以分为三种模式：一是美国、加拿大、澳大利亚模式。其特点是地多人少，家庭农场平均面积非常大，采用大型农业机械，以机械代替人力，节约劳动力的发展战略，以大型家庭农场为主体。二是法国、英国模式。其特点是土地和人口都比较少，人地比例中等，以中型家庭农场为主，实行机械化和生物技术兼重的发展策略。三是日本、荷兰、以色列、比利时、韩国模式。其特点是人多地少，土地资源相对贫乏，以小型家庭农场为主。采用资本、技术密集型的集约化农业发展策略，依靠高新生物技术提高土地产出率，集中生产具有比较优势的农产品。

一、大型家庭农场：美国经验

尽管美国农民仅占全国人口的 1.8%，但却养活了 3 亿多美国人口，而且还使美国成为全球最大的农产品出口国，重要原因在于高度发达的家庭农场经营模式、类型及基本情况，见表 8-1。

表 8-1 美国家庭农场基本情况

农场类型	数量占比（%）	产值占比（%）
中小型家庭农场	88.3	16.4
其中：退休休闲型	18.4	1.6
居住生活型	45.0	4.2
农业耕种型	24.9	10.6

续表

农场类型	数量占比（%）	产值占比（%）
大型家庭农场	9.3	65.9
其中：大型家庭农场	4.3	12.2
超大型家庭农场	5.0	53.7
非家庭农场	2.4	17.7

注：根据美国农业农村部的统计界定，小型农场年销售额小于25万美元，大型农场年销售额在25万～50万美元，超大型家庭农场年销售额大于50万美元。

家庭农场是美国农业的主要经营单位，类似于我国的农户，却早已具备现代企业的基本特征，实行农业商品化、机械化、规模化、科学化经营模式。由于美国地广人稀，农业资源禀赋非常高，家庭农场经营规模普遍比较大。2007年美国有家庭农场2204792个，占有农地3771589.08平方公里，平均每个家庭农场经营面积达到2535亩，家庭农场的发展特点如下：

（一）土地所有权私有化

自1776年美国建国以来，建立何种农业经营组织来发展农业，成为联邦政府一直讨论的问题。经过近半个世纪的探索，1820年联邦政府确立了将公有土地低价出售给农户，确立了自有产权、自我经营的家庭农场农业经济制度。同时，联邦政府为了开发大西部，向军人无偿赠地，把土地低价销售给移住西部的广大移民，并通过法律制度确立了土地私有产权，促进了美国开发大西部的移民热潮，家庭农场由此发展非常迅速。1862年通过了《宅地法》，政府向有农业经营经验的家庭农场主赠送公有土地，家庭农场制度进一步得到了巩固。由于土地的私人所有，美国农民能够建立自由的农业经济体——家庭农场，这是除移民国家以外，其他国家不可能拥有的优越条件。

（二）生产经营的专业化

根据农业生产的自然条件及市场需要，逐渐形成了东北部乳畜带、东部棉花带、东南部亚热带作物带、中部冬小麦带等10个专业生产区域。正是在这种区域化布局的基础上，建立和发展了农业生产经营的专业化。每个区域的家庭农场只生产一两种农产品，例如，专门种植蔬菜和水果、专门种植大田作物、专门饲养禽畜等。这种高度专业化经营有利于集中生产具有比较优势的农产品。区域的同类农产品专业化生产，也有利于农业社会化服务体系的迅速发展与完善，与家庭农场的发展共生互赢，产生良性循环。从而提高家庭农场的生产效率，降低生产成本，提升农产品的市场竞争力。

（三）高度机械化和技术现代化

由于美国人少地多，劳动力资源相对稀缺，因此，必然依靠机械进行耕作，加上美国拥有强大的工业基础和能源优势，家庭农场普通是高度机械化、高装备、高效率，以节约劳动力资源。早在 20 世纪 50 年代，谷物和饲料作物的耕作基本实现了机械化，完成了机器代替畜力耕种。20 世纪 60 年代，又实现了棉花、大豆、花生等劳动力相对密集的作物机械化。随着生物技术和信息技术的发展，美国的家庭农场在大量使用机械的同时，还采用机器人技术以及化肥、良种、农药等先进的现代化的农业生产技术。例如，农场主采用计算机、全球定位系统（GLobal Positioning System，GPS）和灵巧的多用途拖拉机综合技术，用于家庭农场管理与耕作；还利用电脑技术测量土壤的养分含量，根据电脑确定的配方施肥，以提高肥料的施用效率。

二、中型家庭农场：法国经验

法国作为欧盟第一大农业生产国，世界第二大农业和食品出口国，其家庭农场的发展功不可没。法国的家庭农场发展条件属于中度资源禀赋，既不缺乏劳动力又不缺乏土地资源，在这一条件下，决定其家庭农场发展以提高劳动生产率和土地产出率并重为追求目标，以综合性为主要特点，即机械技术和生物技术并进，物质资本与人力资本并举。既应用高科生物技术，又用现代化机械装备于家庭农场。法国家庭农场的发展特点如下：

（一）依托农业合作社进行生产经营

与我国农业合作社的性质一样，法国的农业合作社是由许多家庭农场自愿联合而成，在经济与法律地位上，农业合作社与家庭农场是平等的关系，其自身是一个独立的经济单位，它的功能是为家庭农场提供全方位的农业社会化服务，包括提供种子、化肥、农药、幼畜雏禽以及农田建设、生产规划等产前服务和烘干、运输、仓储、加工、冷冻、销售、出口等产后服务。家庭农场主要集中于发展生产，产前、产中、产后很多任务交给农业合作社完成，通过与农业合作社的专业化分工与合作，大量节省了加工、代销等环节的人力、财力消耗，减少了中间流通环节，降低了生产成本，从而提高了家庭农场的经营效益。在农业生产经营过程中，农业合作社发挥了极其重要的作用，家庭农场的生产经营高度依赖于农业合作社的功能发挥，形成了具有法国特色的家庭农场与合作社双层经营体制。

（二）专业化程度高

与美国家庭农场发展的特点一样，法国家庭农场随着农业机械的广泛应用以及生物技术的推广普及，由混合型生产逐渐向专业化转变，每个家庭农场大多只生产经营一种农产品。这种转变是受自然条件以及高度商品化的影响，突出了各家庭农场产品的特色与优势。按照专业化经营的内容，主要分为谷物农场、葡萄农场、畜牧农场、水果农场和蔬菜农场。目前有各类家庭农场 66 万个，平均经营面积 636 亩，其中，经营粮食的家庭农场占 60%，花卉占 11%，蔬菜占 8%，养殖业和水果占 5%（见图 8-1）。

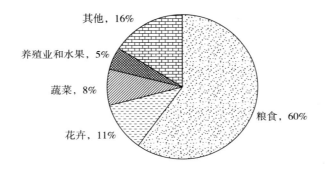

图 8-1　法国家庭农场经营类别

（三）家庭农场经营规模趋于中等

法国在农业现代化转型过程中，面临最突出的问题是人多地少和土地细碎化。1955 年，法国农地具有明显的"两小"特点：一是农户土地面积小，面积小于 10 公顷以下的家庭农场超过 1 万个，占总数的 55.9%；二是地块小，总面积 3400 万公顷的农用土地被分割成 7600 万块，平均每块仅 0.45 公顷。为此，法国政府先后制定了一系列政策，促使土地适度集中，形成以中等规模为主的家庭农场经营。同时，由于用工成本的不断提高以及农产品市场竞争的日趋激烈，出现了小型家庭农场兼并现象，以扩大规模和发展农、工、商的产业化趋势。从 20 世纪 60 年代起，数量逐渐减少，平均经营规模逐步扩大，数量从 1955 年的 228.5 万个减少到 2007 年的 52.7 万个，平均规模从 1955 年的 16 公顷增加到 2007 年的 56 公顷（见表 8-2）。

表 8-2　法国家庭农场变化情况

年份 类别	1955	1970	1985	2007
数量（万个）	228.5	155.2	92.4	52.7
规模（公顷）	16	21	31	56

三、小型家庭农场：日本经验

与美国相反，日本人多地少，农地面积有限，可耕种的土地资源比较短缺。因此，日本家庭农场的发展策略是以节约土地为目标，应用其世界领先的生物科学技术并使用小型农业机械，提高土地产出率。家庭农场的农地规模以小型为主，其主要特点如下：

（一）土地利用高效化

由于日本农地资源的贫乏，不能进行大规模农业生产，因此，只能以小型家庭农场经营为主，精耕细作，采用高科技、高投入和高度集约化的生产经营方式，广泛应用其世界领先的生物技术，走一条良种化、化学化的发展道路，土地利用非常高效。日本政府设立了 30 多个农业研究机构及实验场，并在各县（都、道、府）级设有专门的农业技术推广部门，免费为家庭农场推广新技术、新品种，为实现良种化提供了条件。日本家庭农场的土地利用高效化还表现为化学化程度非常高，通过大量使用化肥和农药，减少农作物的病虫害，提高了单位面积产量。

（二）农地所有权和使用权分离

20 世纪 60 年代，日本政府农地改革的重点由鼓励农地集中转向分散占有、集中经营的新战略上来。由所有制转向使用制度，鼓励农地所有权和使用权的分离，在农地小规模家庭农场占有的基础上发展协作企业，以扩大经营规模。20 世纪 70 年代开始，日本政府连续出台农地改革的法律法规，鼓励农田的租赁和作业委托等形式的协作生产，以克服土地集中困难和分散的土地占有给家庭农场发展带来的障碍。实践证明，这种通过农地租赁为主要方式的规模经营战略取得了成功，1980 年的租赁田比 1970 年增加了 30 多倍，1986 年又比 1980 年增加50%，达到 5 万公顷。

第二节 国内家庭农场发展成功地区的做法

一、上海松江

从 2007 年起，松江开始探索发展规模在 100～150 亩的粮食家庭农场，并在粮食家庭农场发展的基础上，推进"种养结合""机农一体"的家庭农场发展模式。截至 2012 年底，全区家庭农场发展至 1206 户、经营面积 13.66 万亩，占全区粮田面积的 80%，其中，种养结合家庭农场 53 户，机农一体家庭农场 140 户，取得了生产发展、农民增收、环境改善和保护耕地的良好效果，得到了中央和上海市政府的高度肯定，其主要有四种做法。

（一）通过村委会流转土地

从 2004 年开始，松江区采取将过去分散承包给农户的土地，统一流转给村集体，村委会与农户签订统一的《土地流转委托书》。到 2011 年底，全区 99.4% 的耕地已经流转到村集体，为家庭农场的发展提供了条件。村委会将这些土地流转给家庭农场、个体农户、农业企业等经营组织，其中，流转到家庭农场的面积达 13.38 万亩，占土地流转面积的 53%。

（二）确定土地流转条件和合理的租金

为了推行粮食生产类家庭农场，松江区政府对土地流转范围和土地用途制定了严格规定。第一，只能从事粮食类生产经营；第二，家庭农场经营者只能是家庭成员，不得将土地转包、转租给无直属亲属关系的第三方；第三，土地只能流转给本村内部成员；第四，家庭农场经营户需及时按合同向村委会缴纳土地流转费。在土地流转价格的方面，为了平衡原土地承包户和家庭农场经营者的利益，松江区农业委员会设置了上下限：上限为 500 斤稻谷（按当年挂牌价折算成现金），各镇、村可以根据当地实际情况适当下调，但不低于 400 斤稻谷的下限。

（三）确定家庭农场的适度经营规模

松江根据当地的耕作水平及农业生产力状况，按照户均 2～3 个劳动力计算，并在农忙时期雇用 1 个劳动力的情况下，单个家庭农场最多经营 300 亩耕地。另外，为了使家庭农场经营户获得比较体面的收入，同时考虑到农业生产的劳动强度，家庭农场人均纯收入至少要比打工收入高出一倍。基于以上考虑，松江区将粮食家庭农场的适度规模确定在 80～150 亩。从实际情况来看，家庭农场土地规模在 80～100 亩的占 45.9%，100～150 亩的占 38.1%，150～200 亩的占 14.6%，200 亩以上的仅占 1.4%（见图 8-2）。

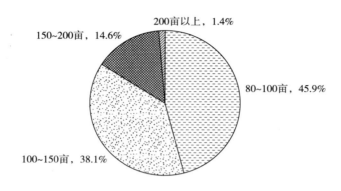

图 8-2　松江家庭农场经营规模分布

（四）明确家庭农场的准入资格和退出机制

主要包括以下四点：第一，规定严格准入资格。家庭农场经营只能是本村的农户家庭，从业者的年龄男性在 25～60 周岁，女性在 25～55 周岁，必然具备相应的农业生产经验和经营管理能力，能熟练使用农业机械、设备。第二，评选家庭农场经营者。村委会根据本村的粮食种植面积，制订本村家庭农场发展计划，向农户发放书面告知书并张贴公示。有家庭农场经营意向的农户向村委会申请，经由村委会审核、民主投票、公示后，最后确定家庭农场经营者。第三，建立家庭农场考核机制。按照水稻生产管理、秸秆还田、农田外围沟清理、向区国有粮库交售稻谷等设定的项目进行考核，考核满分为 100 分。第四，建立退出机制。有以下四种行为的家庭农场将取消经营资格：一是家庭农场经营者不直接参加农业生产与管理，常年雇用其他劳动者；二是将土地转包或转租，或有"拼装"和虚报经营面积等其他弄虚作假行为；三是经营管理不善，连续考核不及格；四是乱用种子或使用违禁农药影响农产品安全，不服从本村统一规划，不能做到"种田"与"养田"相结合而影响耕地质量。

二、浙江宁波

早在 20 世纪 90 年代，宁波就出现了家庭农场雏形，经过 30 多年的发展，呈现产业覆盖面不断拓宽，经营规模逐步扩大、市场竞争力不断增强的良好态势，成为全国五大家庭农场发展范本之一，其主要做法如下：

（一）党政部门高度重视

宁波党政部门把发展家庭农场摆在重要位置，市委相关领导对家庭农场发展提出明确的要求，形成了支持家庭农场发展的良好氛围。政府有关部门开通家庭农场申办绿色通道，组建农户小额信用担保公司，启动农业政策性保险，帮助家庭农场大力发展订单农业，为家庭农场的发展提供了全方位的支持。同时，为了形成家庭农场扶持制度化，先后出台了一系列扶持政策，制定了具体的扶持措施。

（二）设立示范性家庭农场专项资金

为了引导家庭农场健康、规范、有序发展，从 2013 年起，宁波市设立市级示范性家庭农场专项资金，择优对符合条件的家庭农场进行奖励。当年评定为市级示范性的家庭农场，给予每户一次性 10 万元的奖励，其中市级 5 万元、县（区）配套 5 万元。另外，鼓励家庭农场引进人才，聘请大学生参与家庭农场经营管理，给予符合条件的大学生每人每年 2 万元的基本补助。

（三）积极推进土地流转

土地流转是家庭农场发展的前提，宁波市高度重视土地流转问题，成立了土地流转纠纷调处机构，在县（区）、乡（镇）、村三级分别建立了土地流转信息服务中心，每年投入到土地流转中的扶持资金达 3000 万元。据 2013 年初步统计，全市土地流转率达 61%，为家庭农场的发展奠定了坚实的基础。

三、安徽郎溪

郎溪县位于芜湖、南京、无锡、马鞍山等城市交叉的位置，区位优势明显。随着大量农民进城务工，农村空心村和农地闲置现象严重，郎溪县在全国率先进行了家庭农场的探索，从 2001 年成立第一家"绿丰家庭农场"的实践，发展到 2013 年的 554 户家庭农场，家庭农场人均纯收入是全县人均收入的 4 倍，取得了一系列有益的探索：

（一）成立家庭农场协会

2009 年，经郎溪县民政局批准，成立"郎溪县家庭农场协会"，遴选一批产业代表性强、规模较大、辐射带动作用明显且有一定影响力的家庭农场主为会员，为其他家庭农场提供指导和帮助。同年 8 月，协会创办了"郎溪县家庭农场协会网"，设有会员风采、供求信息、农民创业、农业论坛、农事时报等栏目，为家庭农场经营者提供网上营销平台、各类信息资讯、农场经验交流等服务。家庭农场协会对促进郎溪县家庭农场的发展做出了较大的贡献，先后多次受到宣城市及其他上级政府部门的表彰，2012年6月获得了"全国基层科普行动计划先进单位"称号。

（二）提供技术指导

通过郎溪县农委与家庭农场协会进行协调，组织农业技术专家与家庭农场进行"一对一"结对帮扶活动，全面开展技术指导服务，普及家庭农场标准化生产、新技术应用、农机设备操作等知识。同时，结合基层农技推广、补助项目、新型农民培训民生工程、农技人员包村联户等活动，每年组织100多名农业技术干部与家庭农场开展对接服务，为家庭农场的发展提供技术支撑。

（三）破解资金难题

融资困难是家庭农场发展的最大问题，为此，家庭农场协会积极与银行进行协调，经过多方的共同努力，2010年，中国邮政储蓄银行为郎溪县家庭农场共发放贷款402万元。2011年，通过协会与新华村镇银行的洽论协商，最后达成新华村镇银行与家庭农场长效合作机制，次年为郎溪县家庭农场发放1000多万元，破解了家庭农场发展的资金难题。

（四）成立家庭农场合作社

为做好家庭农场服务工作，2013年，郎溪县成立了第一家家庭农场合作社——郎溪县京润家庭农场综合服务化专业合作社。该社的服务内容主要有：为家庭农场采购、供应生产资料；培训家庭农场主的农场管理技能；销售农产品；提供政策、法律、信息咨询。郎溪县家庭农场合作社真正从事农业生产经营服务工作，有效克服了合作社的投机行为，即以一个或少数几个人为主体，会员仅是名义上的，成立合作社的目的在于套取国家农业补贴或财政支持。

（五）培育示范性家庭农场

郎溪县按照"一个村培育一个典型"的思路，从2009年起，连续多年优选家庭农场进行重点扶持，培育具有一定辐射带动作用的家庭农场，为其他家庭农场的发展提供示范。在扶持措施上，通过整合农村综合开发、育秧工厂等涉农项目向示范家庭农场倾斜，不断提高示范家庭农场的农业基础设施和物质装备条件。截至目前，累计投入资金270万元，产生了较好的示范效应。

第三节　国内外经验对湖南省家庭农场发展的启示

从国内外家庭农场经验的分析来看，湖南省家庭农场发展的最大问题在于制度上的限制、农业现代化程度太低、经营体制创新不足、政策上的不完善。

　　第一，在土地制度上，不能仿照美国土地私有化的模式，这是由我国农村土地集体所有的性质，也是湖南省农民人口数量庞大、土地相对较少的现实决定的。在人多地少的严峻形势下，可以在提高农业生产效率上下功夫。湖南省的农地资源禀赋与日本相似，人均农地占有面积很小，在农村劳动力尚未充分转移、城市化程度不高的条件下，可以借鉴日本家庭农场的发展策略，选择走农地资源节约型发展道路，应用生物科技，精耕细作，以生产经营资本密集型农产品为主，提高土地单位面积的产出量。

　　第二，湖南省市场经济发育程度远落后于美国、法国等发达国家，在农业存在很大市场风险的情况下，生产单一的一两种农产品加大了经营风险。因此，可以采取种养结合的方式，实现家庭农场生产经营的多样化，以尽量抵消可能存在的风险。

　　第三，湖南省与松江、宁波在经济发展水平、城镇化程度上存在不小差距，在土地流转方式上，难以像松江由村级组织统一流入承包地后，再流转给家庭农场。但可以在各乡镇成立土地流转服务中心，秉承平等协商、自愿有偿的原则，引导外出务工的农民把土地流转到村级组织，再把土地发包给家庭农场经营。

　　第四，相对而言，湖南省整体的经济水平与郎溪比较接近，而且，与郎溪县相似，湖南省农村劳动力大量外出务工，很多农地无人耕种。在此背景下，家庭农场的发展要以政府推动为主导，各级政府要加大支持力度，创造良好的经营环境，积极培育家庭农场。

第九章　研究结论与政策建议

第一节　研究结论

研究结论主要表现在以下五个方面：

第一，家庭农场经营模式是湖南省农业发展的必然趋势，30年后将进入"黄金发展期"。随着生产力的发展，市场经济的不断推进，我国现行的家庭联产承包责任制的制度优势已释放完毕，制度的边际效用开始递减，家庭联产承包责任制下的传统小农经营模式存在的问题日益凸显。而湖南省人多地少，人均耕地面积0.9亩，仅为全国人均耕地面积（1.52亩）的六成，不到世界人均水平的1/5，传统的农业经营模式问题更加突出，家庭农场有产生的动力。本书通过分析湖南省正处于持续下降的人口数量、快速的城镇化和食物消费结构转型三大历史性变迁交汇的契机，论证了家庭农场发展的机遇和条件，由此说明家庭农场经营模式是湖南省农业发展的必然趋势。当然，根据经济学相关理论以及从国内外家庭农场的发展经验来看，农村剩余劳动力的转移，较高的城镇化率是家庭农场发展的前提条件。国外家庭农场发展成功的国家，城镇化率一般在80%以上，我国家庭农场发展较好的上海市，其城镇化率已接近90%。2015年，湖南省的城镇化率为50.89%，改革开放30多年间，湖南省的城镇化年均增长率约为1.4%。按照目前这个趋势，如果今后30年每年增加1个百分点，那么30年后湖南省的城镇化率将达到80%。据此，本书推断，湖南省的家庭农场在30年后将进入"黄金发展期"。

第二，现阶段湖南省家庭农场的适度规模为100~200亩，以劳动密集型与资本密集型兼重经营策略为宜。最低规模是保证家庭农场经营户的年收入至少要超过外出务工的年收入，否则，农户没有创办家庭农场的动力。至于家庭农场适度规模的上限，从规模经济理论来讲，只要还没达到边际生产成本递增的点，就可继续扩大。但是，确定家庭农场的适度规模不仅是经济问题，更是社会问题。一方面，家庭农场经营面积过大容易挤占其他农户发展家庭农场的权利；另一方面，容易拉大农户间的收入差距，出现新的农村问题。因此，对湖南省家庭农场适度规模的确定，坚持公平与效率的原则，测算了四种形态的适度规模经营面积。就现阶段而言，在农村劳动力并未充分转移、城镇化水平不高的情况下，湖南省家庭农场以 100～200 亩的中等适度规模为宜。然而，根据本书的测算结果，100～200 亩的经营规模，尤其是粮食生产类家庭农场，在经济较发达的长株潭地区，难以保证家庭农场收入达到外出务工的水平。因此，选择劳动密集型与资本密集型兼重的经营策略，可以解决此问题。劳动密集与资本密集兼重的经营策略，一是可以在有限的土地面积上，通过采用新品种、新技术等集约化方式，提高单位面积的产出，增加收益；二是可以保证家庭成员在家庭农场中充分就业；三是通过雇用临时或季节性劳动力，可以吸纳部分农村剩余劳动力就业，特别是留守的老、弱、妇劳动力。

第三，户主特征、家庭特征及外部环境对农户的家庭农场发展意愿有显著影响。经济发展程度不同的地区，农户发展家庭农场的意愿存在差别。经济相对较发达的湘东地区，农户发展家庭农场意愿最强，湘中地区次之，湘西地区最弱。总体来看，湖南省有家庭农场经营意愿的农户仅 24.58%，与湖北省的 48.6%、东部沿海省份的 61% 存在较大差距。从户主特征、家庭特征、外部环境三大方面的影响因素来看，户主的年龄、文化程度、家庭的务农状态、年纯收入、土地流转难易程度、农业社会化服务水平、政策支持力度等因素对农户发展家庭农场的意愿有显著影响。具体而言，30～39 岁年龄段的户主发展意愿最强；文化程度、务农状态、家庭年纯收入、农业社会化服务水平、土地流转难易程度对农户发展家庭农场有显著正向影响。同时，实证结果表明，农户的家庭劳动力数量和社会关系两个变量对发展意愿影响不显著。

第四，政策扶持对提高家庭农场经营绩效有积极的影响，其驱动机制是通过改善家庭农场的经营环境和提高家庭农场主的企业家才能。本书实证研究表明，政策扶持提高家庭农场的经营绩效，主要通过两条中介路径实现：一是政府通过搭建土地流转平台、提供贷款贴息、发布农产品供需信息等扶持政策，改善了家庭农场获取土地和资金、销售农产品的市场经营环境，使家庭农场在流转土地、资金获取、产品销售等方面更为畅通；二是政府开办家庭农场技术培训，提高了家庭农场主经营管理能力。此外，由于扶持政策的"诱惑"，吸引了部分企业家能力强的农民工、大学生等群体返乡创办家庭农场。很显然，与传统的农民相比，家庭农场主的初始人力资本比较高。因此，政策扶持提升了家庭农场主的企业家能力，为家庭农场获取较高的经营绩效提供了条件。

第五，要注重示范性家庭农场的引领作用，推动家庭农场有序发展。国内家庭农场发展较好的地区，特别注重示范性家庭农场的引领作用。通过发挥示范性家庭农场榜样的作用，一方面，可以使广大农民对家庭农场有更直接的认知，看到创办家庭农场的好处，充分调动更多农户发展家庭农场的积极性；另一方面，为其他家庭农场传授经验，加强家庭农场之间的学习与交流，协同提高，共同进步与壮大。本书从当前经营绩效与未来发展潜力两个维度，构建了家庭农场综合评价指标体系。当地农业主管部门，可以应用此评价指标体系，对本区的家庭农场进行评价，按照综合评价值进行排序，把排名靠前的作为示范性家庭农场，推动当地家庭农场有序发展。

第二节　政策建议

一、深化农村土地制度改革

土地问题是家庭农场发展的首要问题。适当的人地比例和较高的城镇化水平，是家庭农场发展的重要条件。尽管我国市场化改革经历了30多年，但土地要素市场化依旧滞后。根据《土地管理法》第六十三条规定，农民集体所有土地的使用权不得出让、转让或出租用于非农业建设。随着我国社会主义市场经济体制的不断完善，农村土地制度与市场经济体制不相适应日益凸显，成为城镇化、农业现代化的最大障碍。推进土地制度改革，关乎我国城镇化和农业现代化的进程。农村土地制度改革涉及重大利益调整，内容复杂、范围广，牵一发而动全身。在我国现有的农村土地制度中，主要涉及"三块地"的改革，即农民承包土地、农村集体建设用地、农民宅基地的改革。

（一）完善土地承包经营权的相关法律法规

由于我国土地经营权的法律地位模糊，农村土地经营权没有从承包经营权中完全分离，导致流转双方的权益保障度低，成为阻碍农村土地有效流转的客观障碍。目前对农村土地经营权没有明确的流转期限规定，土地经营权的转让大多都是按年流转。土地经营权实质上成为了一种债权，而未成为真正意义上的物权。因此，为了明确土地所有权、承包权和经营权的内涵，确定承包权、经营权的定义、权利及义务，应当尽快修改与完善《农村土地承包法》《物权法》《土地管理法》等相关法律条款。作为省级层面，可以考虑制定相关的管理条例，明确农村土地经营权的用益物权属性，规定农村土地经营权的流转期限。

（二）建立农村集体经营性建设用地入市制度

从改革的创新力度和难度来看，集体经营性建设用地入市是农村土地改革的关键和突破口，其创新力度居"三块地"改革之首。从要素配置上来说，如果稳步地将集体经营建设用地入市，可以在一定程度上缓解我国面临的城市建设土地不足的状况，从供需角度平衡房价高的问题，从而减少农民工市民化的转移成本，加快城镇化进程的步伐。对农村经济发展而言，集体经营建设用地入市，可以盘活农民资产、大幅增加农民财产性收入，缩小农村与城市之间的收入差距。目前，我国农村集体经营性建设用地权能不完整，不能同等入市、同权同价。为此，一要完善农村集体经营性建设用地产权制度，赋予农村集体经营性建设用地出让、租赁、入股权能；二要明确农村集体经营性建设用地入市范围和途径；三要建立健全市场交易规则和服务监管制度。

（三）推进农村宅基地制度改革

宅基地制度改革是加快人口集聚、促进农民市民化、促进城乡融合的关键环节，是农村改革的最后一道壁垒。按现行制度规定，农户只能拥有一处宅基地，面积不得超过有关规定标准，而实际情况与制度规定存在很大的偏差，问题主要有三点：第一，超标准占用宅基地现象突出，宅基地大量挤占耕地面积，侵占了宝贵的耕地资源。第二，宅基地大量闲置，造成土地资源的极大浪费。究其原因，一是农户建新宅但不拆旧宅，仍然保留原有宅基地；二是已经在城市安家落户的农民，其农村宅基地长期闲置。第三，宅基地使用权权能单一，限制了宅基地对于农民的财产属性和功能。农民在宅基地上建造的房屋不能产权化，限制了农民房屋的财产所有权权能，进而丧失了农户房屋财产的经济功能，如抵押、担保等，使农户房屋财产权益无法在经济上充分实现，不能进入社会财产增值体系和流动体系，不利于农户房产增值及实现增值收益，不利于保障农民的财产权益。针对农村宅基地存在的问题，可以从以下四个方面进行改革：一是完善宅基地权益保障和取得方式，探索农民住房保障在不同区域户有所居的多种实现形式；二是对因历史原因形成超标准占用宅基地和一户多宅的情况，实行有偿使用；三是探索进城落户农民在本集体经济组织内部自愿有偿退出或转让宅基地；

四是改革宅基地审批制度，发挥村民自治组织的民主管理作用。

二、加大财政金融支持力度

家庭农场具有企业的性质，是特殊的农业企业。由于农业弱质性的特征，它面临自然与市场双重风险，需要政府在财政、金融和保险上提供支持。从国外家庭农场发展来看，没有政府的财政金融支持，家庭农场的发展不可持续。

（一）提供财政支持

从世界各国的经验来看，为家庭农场发展提供财政支持是通行的惯例。在2013年中央一号文件中，可以看出国家关于家庭农场财政方面的支持，但目前湖南省很多地方政府并未出台具体的财政支持办法。从湖南省农业基础设施的情况来看，加上农业本身高风险、高投资、低回报的特点，没有政府强有力的财政支持，家庭农场很难迅速成长、壮大。对此，省、市、县三级政府要设立家庭农场专项发展资金，制定示范性家庭农场标准，并在各地评选出省级、市、县示范性家庭农场，对社会责任强、经营效益明显、引领示范性好的家庭农场予以表彰和财政奖励。政府要优先安排家庭农场承担农田水利设施建设、土地整理、农业综合开发、中低产田改造、新品种和新技术应用推广等方面的项目，并提供财政资金支持。在国家安排的支农补贴中，农机具补贴、农资补贴、良种补贴等，根据本地的财政实力，可以适当为家庭农场调高补贴比例与额度。

（二）创新农村金融服务

家庭需要较大的资金投入，大多数家庭农场是由小农户发展而来，自有资金比较弱，必须通过贷款来解决资金不足的问题。而由于农业生产弱质性、信息不对称等问题，银行不愿意向家庭农场发放贷款，贷款难成为制约家庭农场发展的瓶颈。在创新农村金融服务方面，应着重构建合理的金融服务主体。主要从以下四点抓起：一是鼓励发展小额贷款公司、乡镇金融合作组织、村镇银行等新型农村小微金融机构。二是加大对农村信用社的支持力度，清理与取消各种对农信社的歧视性政策，放宽办理各类金融业务的限制，巩固其服务"三农"主力军的地位，成为家庭农场金融服务的主力。三是规范农村民间金融。适度放低准入门槛，对具备一定注册资金、履约率较高、依法正当营运的民间金融机构，允许在合理期限内转为合法民间机构。同时，金融监督机构要依法对有重大违法违规的民间金融机构进行强制性关闭、兼并或重组。四是拓展农业发展银行的业务领域。通过国家的政策支持，农业发展银行的业务领域要拓展到农业综合开发、农业基础设施建设、农业科技推广、农业结构调整、扶贫治穷等方面，为家庭农场前期的基础设施资金投入提供支持。

（三）完善政策性农业保险

政策性农业保险是以保险公司市场化经营为依托，政府通过保费补贴等政策扶持，对种植业、养殖业因遭受自然灾害和意外事故造成的经济损失提供的直接物化成本保险。政策性农业保险将财政手段与市场机制相对接，可以创新政府救灾方式，提高财政资金使用效益，分散农业风险，为世界贸易组织所允许的支持农业发展的"绿箱"政策。政策性农业保险对家庭农场的发展尤为重要，家庭农场迫切需要政策性农业保险的"保驾护航"。其一，就目前而言，普通农户由于兼业化特点，家庭收入主要来自非农行业，来自农业收入占家庭收入的比率非常低，即便遇到自然风险，对家庭生活影响不会很大；而家庭农场是以农业为家庭收入主要来源，农业收入一般占家庭收入 80% 以上，一旦遇到自然风险，必将造成巨大损失，对家庭生活和农业生产造成极大影响。其二，家庭农场由于实行规模化生产经营，农业生产规模的扩大，面临的风险也相对集中，对于单个家庭农场来讲，自然风险的承受能力有限，需要农业保险这把"保护伞"转移和降低农业生产风险。其三，综观国外家庭农场发展的经验可以看出，发达国家家庭农场的成功，在很大程度上得益于完善的农业保险制度兜底。美国联邦农作物保险公司为 70 多种农作物和牲畜提供保险，保险责任包括自然灾害风险、产量风险、收入风险等。当家庭农场遇到自然灾害和市场风险，引起产量锐减、收入减少、存货损失等情况时，保险公司都负责赔偿。因此，不断完善政策性农业保险制度，对家庭农场的发展起到"稳定器"的作用。

三、健全农业社会化服务体系

根据劳动分工理论，专业化分工可以减少生产成本。家庭农场作为市场竞争的主体，为减少成本，实现利益最大化，生产经营过程中的部分事务必须交给农业社会化服务部门来完成。提供农业社会化服务的企业、政府部门、集体经济组织等主体，通过对分散的家庭农场、农户等农业经营主体提供全程的专业化服务，解决一家一户无法胜任的事务。

（一）积极推动农地流转

为规范和促进土地使用权的流转，各地政府要搭建土地流转平台，建立县、乡、村三级土地流转管理服务机构，成立土地流转中介服务组织。通过网络信息平台来收集土地流转信息并及时对外发布信息。同时，为家庭农场提供土地流转的政策咨询、合同制定、纠纷仲裁、法律援助等服务。在土地流转模式方面，由于各地的经济发展水平和传统习俗不同，需要因地制宜，积极探索适合当地的土地流转模式。目前，各地的土地流转模式主要有以下三种：一是土地互换。农村集体经济组织内部的农户，为方便耕种和各自的需要，通过简单的相互交换，实现土地的集中。而湖南省人均土地面积少，户均面积一般也不过 3 ~ 5 亩，通过互换的土地流转模式无法达到家庭农场所需的土地规模。二是土地出租。由于外出务工以及其他就业方式，农户将土地租给他人，出租的期限和租金由双方自行约定，这是目前多数地区家庭农场获取土地的方式。三是土地入股。在坚持承包户自愿的基础上，将承包土地经营权入股，建立土地股份公司或农民合作社。该模式最大的优点是产权清晰、利益直接、稳定性强。党的十八届三中全会明确提出，在坚持和完善最严格的耕地保护制度的前提下，允许农民以土地承包经营权入股发展农业产业化经营。农民以土地入股，参与分红，既可增加农民土地承包收益，又有助于实现土地要素的优化利用，使农业产业链上的更多收益留在农村、留给农民。土地入股模式是当前农村土流转机制的新突破，可以作为今后土地流转的主要模式。

（二）引导农业生产性服务业发展

农业生产性服务业是指为了提高农业劳动生产率，向农业生产活动提供中间投入服务的产业。家庭农场的经营规模与集约化程度，受制于农业生产性服务业的发展水平。为此，要积极引导农业生产性服务业的发展。其模式可以由政府有关部门成立农业公共服务机构，以合作经济组织为基础、龙头企业为骨干、其他社会力量为补充，实现公益性服务和经营性服务相结合、专项服务和综合服务相协调。采取政府订购、定向委托、奖励补助、招商投标等方式，引导经营性组织参与公益性服务，开展农技推广、信息供应、农资配送、农机作业、产品营销、统防统治、抗旱排涝等各项产前、产中、产后的生产性服务，满足家庭农场对农业生产性服务的需求。随着各地家庭农场数量的增加，要逐步建设村级农业生产性服务点，由政府统一拨款，为每个村级服务点建立农技、农机、物资、运销等专业服务队伍，开展"农场不留种，统一供良种；化肥运到村，技术送到户；机耕全年包，管水专业搞；农药不进户，病害专人防；产品有品牌，销售有人跑"等全程服务项目。

四、培育新型职业农民

（一）制定鼓励性政策

家庭农场主必须具有较高的综合素质，从湖南省的调研情况来看，由于素质较好的农村劳动力纷纷转向城市就业，因此，家庭农场主的素质普遍不高，年龄偏大，成为制约家庭农场发展的重要因素。各级政府通过制定鼓励性政策，吸引农业院校特别是中职、高职毕业生回乡创办家庭农场，支持懂农业、爱农业的"农二代"从事家庭农场经营。另外，新型职业农民来源可以多元化，要彻底打破城乡二元制结构壁垒，引导农民工在转向市民化的同时，也要鼓励城镇居民到农村经营家庭农场，成为新型职业农民，真正实现城乡人才双向流动。制定职业农民支持政策，创造城乡一体化的要素流动环境，有利于农村剩余劳动力彻底融入城镇，为新型职业农民提供成长空间。同时，鼓励和支持致力于农业的人才在农村经营家庭农场。

（二）建立新型职业农民教育培训制度

新型职业农场难以自然形成，需要政府牵头和扶持，制定专门的教育培训制度。各市、县级政府农业主管部门，把家庭农场主或有创办家庭农场意愿的农民纳入新型职业农民培育的对象。在培训内容上，根据家庭农场类型以及家庭农场主整体能力素质，科学制订教育培训计划，明确培训内容。在培训方式上，结合农事农时，因地制宜建立适应成人学习的"分阶段、重实训、参与式"的培养模式。采取农学结合、就近就地等灵活方式，坚持生产经营型分产业、专业技术型按工种、社会服务型按岗位开展教育培训。各地要引进农业院校、科研院所的专家到县、乡授课答疑，帮助家庭农场主适应农业产业政策调整、农产品市场变化、农业科技进步。通过开展职业农民培训，使家庭农场主开阔行业视野，提高家庭农场生产经营水平。

第三节 研究展望

本书就家庭农场在湖南省的实践问题，分析了扶持政策对家庭农场经营绩效的影响。由于缺乏时间序列数据，以及各市（区、县）对家庭农场发展的扶持力度不同，因此，没有考虑这种扶持政策的差异。未来，将进一步在样本地收集数据，分析扶持政策对家庭农场经营绩效持续性的影响。

湖南省家庭农场调查问卷

尊敬的家庭农场主：

感谢您在百忙之中填写此问卷！本问卷调查旨在了解和掌握目前家庭农场发展情况与面临的问题，为政府有关部门出台家庭农场扶持政策提供真实、可靠的事实依据。您的意见十分宝贵，答案无对错之分。我们承诺：调研数据仅用于科学研究，并将对相关调查信息严格保密，衷心感谢您的支持与配合！

湖南农业大学家庭农场调研组

2014 年 7 月

地点：＿＿县（区）＿＿乡（镇）＿＿村　　家庭农场名称：＿＿＿＿＿

时间：＿＿＿＿＿　　　　　　　　　联系方式（如愿意留）：＿＿＿＿＿

一、家庭农场基本情况

1. 家庭农场经营类型：＿＿＿。

A. 谷物种植　　　　　　　　　B. 果蔬园艺及其他种植

C. 水产养殖　　　　　　　　　D. 种养结合

2. 农场已经营＿＿＿年；是否打算扩大农场规模：＿＿＿（填"是"或"否"）。

3. 是否工商登记注册＿＿＿（填"是"或"否"）。

二、家庭农场人力资本

1. 农场主年龄：＿＿＿岁；性别：＿＿＿；从事务农年限＿＿＿年。

是否有外出打工经历＿＿＿（填"是"或"否"）。

是否掌握开办家庭农场所需的农业技术＿＿＿（填"是"或"否"）。

是什么原因促使您建家庭农场：____（可多项选择）。

A. 搞家庭农场比在外打工赚得更多

B. 方便在家照顾老人和小孩

C. 看到有人在搞家庭农场，觉得大有可为

D. 自己掌握了一门农业技术

2. 农场主受教育年数：____年（小学文化填 6 年；初中文化填 9 年；高中或中专文化填 12 年；专科填 15 年；本科填 16 年。特殊情况如高二辍学填 11 年）。

3. 家庭人口：____人；家庭参加农场劳动人口：____人；家人是否支持您办家庭农场：____（填"是"或"否"）。

4. 家庭农场雇工情况：____。

A. 雇用长期工（一年以上） B. 短期或季节性雇工

C. 无雇工

5. 雇用劳动力：____人；工资：____元/人/天或____元/人/月。

三、家庭农场物质资本投入及经济效益

1. 目前农场土地面积____亩；自有土地面积____亩；流转土地面积____亩，流转价格____元/亩（或按实物____斤谷物/亩）；流转年限____年。

土地流转渠道：____（可多项选择）。

A. 从村集体或农户手中流转 B. 从外出务工的亲戚朋友获得

C. 从农业合作社流转 D. 其他方式

2. 注册资金：____万元（未工商登记注册不填）；家庭农场总投资：____元；去年投资额____元；年均家庭农场投入结构：

A. 设施改造投入____元 B. 农机投入____元

C. 农资投入____元 D. 土地租金____元

E. 技术投入____元（无相关项则填"无"）

3. 家庭农场资金投入来源：

A. 靠家庭积蓄投入____元 B. 信贷投入____元

C. 政府投入____元（无相关项则填"无"）

4. 家庭农场年均产值____元；去年产值____元；去年盈利____元（如暂时未盈利，则填预计年均产值与预计产值，在金额前加"预计"二字；如亏损，则填亏损多少元）。

5. 办家庭农场与打工相比：____。

　A. 打工更赚钱　　B. 差不多　　　　C. 搞家庭农场更赚钱

四、社会绩效与生态绩效

1. 年均绿色产品产量____斤；是否有自己的产品品牌：____（填"是"或"否"）；如有，您认为产品品牌知名度程度：____（5点量表）。

　A. 非常高　　　　B. 比较高　　　　C. 一般　　　　D. 比较低

　E. 非常低

2. 您的家庭农场对周边农户产生示范效应程度：____（5点量表）。

　A. 非常高　　　　B. 比较高　　　　C. 一般　　　　D. 比较低

　E. 非常低

3. 周边农民对您的家庭农场满意度：____（5点量表）。

　A. 非常高　　　　B. 比较高　　　　C. 一般　　　　D. 比较低

　E. 非常低

4. 在流转土地等其他行为过程中，您与周边村民关系情况：____（5点量表）。

　A. 非常和谐　　　B. 比较和谐　　　C. 一般　　　　D. 比较冲突

　E. 非常冲突

5. 被当地政府部门表彰次数：____次（无政府表彰则填"无"）。

五、家庭农场社会化服务

1. 您的家庭农场购买了农业保险：____（填"是"或"否"）；如购买，购买保险费____元/年；最大保额____元；理赔金是否能落实：____（填"是"或"否"）。

2. 政府支持家庭农场的力度：____（5点量表）。

　A. 非常支持　　　B. 比较支持　　　C. 一般　　　　D. 不太支持

　E. 不支持

3. 去年产品销售难易度：____（5点量表）。

　A. 非常难　　　　B. 比较难　　　　C. 一般　　　　D. 比较容易

　E. 非常容易

4. 产品销售渠道：____。

　A. 自己销往市场　　　　　　　　　B. 农业经纪人（贩子）上门收购

C. 与企业预先签订购销合同销售　　D. 通过合作社销售

5. 通过银行或农村信用社途径借贷资金难易度：＿＿＿（5 点量表）。

A. 非常难　　　　B. 比较难　　　　C. 一般　　　　D. 比较容易

E. 非常容易

6. 家庭农场融资渠道：＿＿＿。

A. 商业银行　　　B. 信用社　　　C. 私人信贷机构　D. 民间借贷

7. 政府提供农业技术类型：＿＿＿。

A. 技术培训　　　　　　　　　B. 技术咨询

C. 农业推广应用项目　　　　　D. 没有提供

8. 政府资金支持结构：土地流转补贴＿＿＿元或补贴＿＿＿％。

农资（种子、化肥等）补贴＿＿＿元或补贴＿＿＿％。

农机补贴＿＿＿元或补贴＿＿＿％或补贴＿＿＿％。

贷款贴息＿＿＿％。

其他＿＿＿元。

9. 您的家庭农场提供技术服务组织有：＿＿＿。

A. 政府农技部门　B. 合作社　　　C. 龙头企业　　　D. 其他

10. 家庭农场农资服务渠道：＿＿＿。

A. 供销社　　　　B. 合作社　　　C. 龙头企业　　　D. 其他

11. 是否加入了专业合作社：＿＿＿（填"是"或"否"）。

如果您加入了合作社，合作社为您提供的服务有：＿＿＿（可多项选择）。

A. 综合性服务　　B. 产品购销　　C. 技术和信息　　D. 农机等设施

E. 品牌共享　　　F. 其他

12. 您的家庭农场与经销商紧密度：＿＿＿（5 点量表）。

A. 非常紧密　　　B. 比较紧密　　C. 一般　　　　D. 比较松散

E. 非常松散

13. 您的家庭农场与供应商紧密度：＿＿＿（5 点量表）。

A. 非常紧密　　　B. 比较紧密　　C. 一般　　　　D. 比较松散

E. 非常松散

14. 您的家庭农场与当地政府有关部门联系程度：＿＿＿（5 点量表）。

A. 非常紧密　　　B. 比较紧密　　C. 一般　　　　D. 很少联系

E. 几乎不联系

15. 您认为制约家庭农场进一步发展的因素有：＿＿＿（可多项选择）。

A. 自有资金缺乏　　　　　　　　B. 难以得到贷款

C. 文化水平　　　　　　　　　　D. 农技水平与管理水平

E. 土地难以流转　　　　　　　　F. 土地流转年限太短

G. 农业基础设施不完善　　　　　H. 社会化服务水平不高

I. 其他

16. 您期望政府扶持家庭农场发展的政策主要有：____（可多项选择）。

A. 优惠贷款　　　　　　　　　　B. 提高农业补贴比例或补贴方式

C. 技术服务　　　　　　　　　　D. 土地政策

E. 农业基础设施改造　　　　　　F. 提供农产品销售信息

G. 提高社会化服务水平　　　　　H. 其他

附录二

家庭农场扶持政策与经营绩效调查问卷

尊敬的家庭农场主：

尊敬的家庭农场主：感谢您在百忙之中填写此问卷！本问卷调查旨在了解和掌握目前家庭农场发展情况与面临的问题，为政府有关部门出台家庭农场扶持政策提供真实、可靠的事实依据。您的意见十分宝贵，答案无对错之分。我们承诺：调研数据仅用于科学研究，并将对相关调查信息严格保密，衷心感谢您的支持与配合！

湖南农业大学家庭农场调研组

2015 年 4 月

地点：＿＿＿县（区）＿＿＿乡（镇）＿＿＿村

时间：＿＿＿＿＿＿＿

一、家庭农场基本情况

1. 家庭农场主年龄：＿＿＿岁；文化程度＿＿＿年（小学文化填 6 年；初中文化填 9 年；高中或中专文化填 12 年；专科填 15 年；本科填 16 年。特殊情况如高二辍学填 11 年）。

2. 家庭人口：＿＿＿人；家庭参加农场劳动人口：＿＿＿人。

3. 家庭农场经营类型：＿＿＿。

A. 谷物种植　　　　　　　　B. 果蔬园艺及其他种植

C. 水产养殖　　　　　　　　D. 种养结合

4. 家庭农场土地面积＿＿＿亩。

二、研究构面题项

家庭农场政策扶持题项

题项 \ 态度	非常同意	比较同意	有些同意	中立	有些不同意	较不同意	完全不同意
1. 当地政府给予了财政补贴	7	6	5	4	3	2	1
2. 当地政府给予了土地流转服务	7	6	5	4	3	2	1
3. 当地政府给予了技术培训支持	7	6	5	4	3	2	1
4. 当地政府给予了借贷优惠	7	6	5	4	3	2	1
5. 当地政府给予了信息服务	7	6	5	4	3	2	1

家庭农场主企业家才能题项

题项 \ 态度	非常同意	比较同意	有些同意	中立	有些不同意	较不同意	完全不同意
1. 我善于抓住商业机会	7	6	5	4	3	2	1
2. 我能够判断市场各种变化而制订应对方案	7	6	5	4	3	2	1
3. 我善于处理人际方面的关系	7	6	5	4	3	2	1
4. 我善于总结决策的成功与失败之处	7	6	5	4	3	2	1
5. 我能很好地辨别市场中的风险	7	6	5	4	3	2	1

家庭农场经营环境题项

题项 \ 态度	非常同意	比较同意	有些同意	中立	有些不同意	较不同意	完全不同意
1. 您能够获取市场供求信息	7	6	5	4	3	2	1
2. 您能够较容易雇用到短期劳动力	7	6	5	4	3	2	1
3. 您能够获取家庭农场技术培训	7	6	5	4	3	2	1
4. 您能够较容易获取到运营资金	7	6	5	4	3	2	1
5. 您能够流转到所需的土地	7	6	5	4	3	2	1
6. 您能够得到农业技术专家的指导	7	6	5	4	3	2	1

家庭农场经营绩效题项

题项 ＼ 态度	非常同意	比较同意	有些同意	中立	有些不同意	较不同意	完全不同意
1. 您的家庭农场利润可观	7	6	5	4	3	2	1
2. 您的家庭农场投资回报率较好	7	6	5	4	3	2	1
3. 您的家庭农场市场份额增长较快	7	6	5	4	3	2	1

附录三

家庭农场综合评价调查问卷

尊敬的家庭农场主：

感谢您在百忙之中填写此问卷，我们承诺：调研数据仅用于科学研究，并将对相关调查信息严格保密，衷心感谢您的支持与配合！

湖南农业大学家庭农场调研组

2014 年 7 月

地点：____县（区）____乡（镇）____村　　　　调查时间：_____

家庭农场名称：_____

家庭农场经营类型：____（①谷物种植；②果蔬园艺及其他种植；③水产养殖；④种养结合）。

家庭农场主联系方式（如愿意留）：_____。

一、家庭农场主填写题项

1. 家庭农场主年龄：____岁。

2. 文化程度____。

A. 初中及以下　　B. 高中或中专　　C. 大专　　　　D. 本科

E. 硕士及以上

3. 家庭劳动力数：____人。

4. 家庭农场注册资金：____万元。

5. 家庭农场土地面积：____亩。

6. 家庭农场年均投资额：____万元。

7. 年均参加农业技术培训或考察：____次。

8. 家庭农场年均产值____万元；利润____万元；雇工工资____万元/年；期初资产总额____万元；期末资产总额____万元。

9. 化肥施用量____公斤/亩；农药施用量____公斤/亩；农膜施用量____公斤/亩。

10. 农业有机废弃物利用率____％。

11. 政府支持力度____。

A. 非常高　　　　B. 较高　　　　C. 一般　　　　D. 较低

E. 非常低

12. 资金借贷难度____。

A. 非常容易　　　B. 较容易　　　C. 一般　　　　D. 较难

E. 非常难

13. 土地流转难度____。

A. 非常容易　　　B. 较容易　　　C. 一般　　　　D. 较难

E. 非常难

14. 农业社会化服务程度____。

A. 非常高　　　　B. 较高　　　　C. 一般　　　　D. 较低

E. 非常低

二、非家庭农场主填写题项

1. 顾客对该家庭农场的满意度____。

A. 非常满意　　　B. 较满意　　　C. 一般　　　　D. 不满意

E. 非常不满意

2. 周边居民对该家庭农场的满意度____。

A. 非常满意　　　B. 较满意　　　C. 一般　　　　D. 不满意

E. 非常不满意

3. 该家庭农场的区域示范效应____。

A. 非常高　　　　B. 较高　　　　C. 一般　　　　D. 较低

E. 非常低

参考文献

［1］ Bjorkhaug H. Exploring the Sociology of Agriculture: Family Farmers in Nor-way – Future or Past Food Producers ［M］. Erasga D. Sociological Landscape – Theo-ries, Realities and Trends. Rije – ka InTech, 2012.

［2］ Bollen K. A. , and Stine R. A. Bootstrapping Goodness – of – fit Measures in Structural Equation Models ［J］. Sociological Methods and Research, 1992 (21): 205 – 229.

［3］ Byrne B. B. Structural Equation Modeling Using AMOS. Basic Concepts, Ap-plications, and Programming (2th ed.) ［M］. Routledge Press, 2010.

［4］ De Long J. B. , Summers L. H. Equipment Investment and Economic Growth ［J］. The Quarterly Journal of Economics, 1991 (6): 445 – 502.

［5］ Dollar, Wang, Yu. Improving City Competitiveness Through the Investment Climate: Ranking 23 Chinese Cities ［R］. Washington DC: the World Bank, 2003.

［6］ Ezra Sadan, Chava Nachmias, Gideon Bar – Lev. Education and Economic Performance of Occidental and Oriental Family Farm Operators ［J］. World Develop-ment, 1976 (5): 445 – 455.

［7］ Geyskens, Steenkamp Jan – Benedict E. M. Economic and Social Satisfaction: Measurement and Relevance to Marketing Channel Relationships ［J］. Journal of Retai-ling Spring, 2000 (1): 11 – 32.

［8］ Hair J. F. Jr. , Anderson R. L. Tatham and W. C. Black. Multivariate Data A-nalysis (7th ed.) ［M］. Englewood Cliffs Press, 2009.

［9］ Heady E. O. Economics of Agricultural Production and Research Use ［M］. Prentice – Hall Press, 1952.

［10］ Iastrakhana, Chepureno A. Small Business in Russia: Any Prospects after Decade? ［J］. Futures, 2003 (35): 341 – 359.

［11］ Kline R. B. Principles and Practice of Structural Equation Modeling (3th ed. ）［M］. Guilford Press，2011.

［12］ Luo X. M. ，Griffith D. A. The Effects of Customer Relationships and Social Capital on Firm Performance：A Chinese Business Illustation［J］. Journal of Internation Marketing，2004（4）：25 – 45.

［13］ MacCallum R. C. and Austin J. T. Application of Structural Equation Modeling in Psychological Research［J］. Annual Review of Psychology，2000（51）：201 – 236.

［14］ MacKinnon D. P. ，Fairchild A. J. ，Fritz M. S. Mediation Analysis［J］. Annual Review of Psychology，2007（58）：593 – 614.

［15］ MacKinnon D. P. ，Fritz M. S. ，Williams J. ，Lockwood C. M. Distribution of the Product Confidence Limits for the Indirect Effect：Program PRODCLIN［J］. Behavior Research Methods，2007（39）：384 – 389.

［16］ Roy Prosterman Brian Schwarzwalder. Rural China：The Next Wave［R］. CLSA Asia – Pacific Markets Special Report，2003（9）：16 – 17.

［17］ Schreiber J. B. Core Reporting Practices in Structural Equation Modeling［M］. Administrative Pharmacy Press，2008.

［18］ Schumacker，Randall E. and G. Lomax. A Beginner Guide to Structural Equation Modeling（2th ed. ）［M］. Lawrence Erlbaun Associates Press，2004.

［19］ Tehrani M. ，White C. S. Economic Development and Micro – Entreprises in Rural Communities：Are There Gender Differences［J］. Journal of Business and Economic Studies，2003（1）：26 – 41.

［20］ Thompson B. Exploratory and Confirmatory Factory Analysis：Understanding Concepts and Applications American Psychological Association Press，2004.

［21］ Tzelepis，Skuras D. The Effects of Regional Capital Subsidies on Firm Performance：An Empirical Study［J］. Journal of Small Business and Enterprise Development，2004（11）：121 – 129.

［22］ Ucbasaran D. ，Westhead P. ，Wrighr M. Does Entrepreneurial Experience Influence Opportunity Identificantion［J］. Journal of Priviate Equity，2004（2）：7 – 14.

［23］ USDA. Agriculture Fact Book［M］. Hallberg，1998：6.

［24］［德］威廉·罗雪尔. 历史方法的国民经济学讲义大纲［M］. 朱绍文译. 北京：商务印书馆，1981.

［25］［德］约翰·冯·杜能．孤立国同农业和国民经济的关系［M］．吴衡康译．北京：商务印书馆，1986.

［26］［俄］A.恰亚诺夫．农民经济组织［M］．萧正洪译．北京：中央编译出版社，1996.

［27］［法］弗朗索瓦·魁奈．经济表［M］．晏智杰译．北京：华夏出版社，2013.

［28］［美］阿瑟·刘易斯．二元经济论［M］．施炜等译．北京：北京经济学院出版社，1989.

［29］［美］道格拉斯·诺斯，罗伯斯·托马斯．西方世界的兴起［M］．厉以平，蔡磊译．北京：华夏出版社，2009.

［30］［美］拉尼斯，费景汉．增长和发展：演进的观点［M］．洪银兴译．北京：商务印书馆，2014.

［31］［美］迈克尔·P.托达罗．发展经济学［M］．余向华，陈雪娟译．北京：机械工业出版社，2009.

［32］［美］西奥多·W.舒尔茨．改造传统农业［M］．梁小民译．北京：商务印书馆，2006.

［33］［瑞士］西斯蒙第．政治经济学新原理或论财富同人口的关系［M］．何钦译．北京：商务印书馆，1964.

［34］贝利，克莱恩．发展中国家的农业结构和生产率［M］．纽约：霍普金斯大学出版社，1979.

［35］庇古．福利经济学［M］．北京：商务印书馆，2006.

［36］蔡海龙．农业产业化经营组织形式及其创新路径［J］．中国农村经济，2013（11）：4-10.

［37］蔡键．我国家庭农场形成机制与运行效率考察［J］．商业研究，2014（5）：88-93.

［38］蔡瑞林，陈万明．粮食生产型家庭农场的规模经营：江苏例证［J］．改革，2015（6）：81-90.

［39］操家齐．家庭农场发展：深层问题与扶持政策的完善——基于宁波、松江、武汉、郎溪典型四地的考察［J］．福建农林大学学报，2015（5）：21-26.

［40］曹东渤．家庭农场：一种激活本土性资源的有益尝试——基于松江楠村的调查［J］．社会科学研究，2014（1）：42-48.

［41］曹东渤．适度规模：趋向一种稳态成长的农业模式［J］．中国农村观

察，2013（1）：29－36.

［42］曹林奎．农业园区应开展"农民合作社＋家庭农场"模式的试点示范［N］．农民日报，2013－03－04.

［43］陈波．不同收入层级城镇居民消费结构及需求变化趋势——基于 AIDS 模型的研究［J］．社会科学研究，2013（4）：14－20.

［44］陈国柱．不同生育政策对湖南省人口发展趋势影响的预测研究［D］．湖南师范大学硕士学位论文，2011.

［45］陈纪平．家庭农场抑或企业化——中国农业生产组织的理论与实证分析［J］．经济学家，2008（3）：43－48.

［46］陈平．由"两田制"过渡到家庭农场体制是我国农村改革发展的必由之路［J］．华中农业大学学报，2002（3）：14－17.

［47］陈锡文．发展家庭农场不能硬赶农民走［J］．当代农机，2013（7）：9.

［48］陈锡文．构建新型农业经营体系加快发展现代农业步伐［J］．经济研究，2013（2）：4－6.

［49］陈秧分．基于农户调查的东部沿海地区农地规模经营意愿及其影响因素分析［J］．资源科学，2009（7）：1102－1108.

［50］程佳．农地社会保障功能替代程度与农地流转关系研究——基于京冀平原区 330 个农户调查［J］．资源科学，2014（1）：17－25.

［51］董亚珍，鲍海军．家庭农场将成为中国农业微观组织的重要形式［J］．社会科学战线，2009（10）：95－98.

［52］杜志雄，肖卫东．家庭农场发展的实际状态与政策支持：观照国际经验［J］．改革，2014（6）：39－51.

［53］范传棋，谭静，雷俊忠．培育发展家庭农场的若干思考［J］．农村经济，2013（8）：91－93.

［54］方康云．俄罗斯的家庭农场［J］．世界农业，2001（12）：23.

［55］房加帅．美国家庭农场经营管理模式的经验研究［J］．世界农业，2016（1）：46－50.

［56］冯小．新型农业经营主体培育与农业治理转型——基于皖南平镇农业经营制度变迁的分析［J］．中国农村观察，2015（2）.

［57］付中喜，刘加吾.1982～2012 年湖南省城市居民膳食变化趋势［J］．中南大学学报（医学版），2014（7）：713－717.

［58］赴法国家庭农场运行与管理体制培训考察团．法国农业发展现状考察报告［J］．中国农垦，2006（2）：44－48．

［59］高强，高桥五郎．日本农地制度改革及对我国的启示［J］．调研世界，2012（5）：60－64．

［60］高强，刘同山，孔祥智．家庭农场的制度解析：特征、发生机制与效应［J］．经济学家，2013（6）：48－56．

［61］高万芹，蔡山彤．农业现代化进程中的企业式家庭农场［J］．西北农林科技大学学报（社会科学版），2015（6）：74－80．

［62］耿明斋，吴乐，蔡胜勋．农业适度规模家庭经营的理论思考与政策建议［J］．河南大学学报（社会科学版），2015（1）：50－57．

［63］顾建洲．发展中国特色的家庭农场［J］．中国行政管理，1995（5）：28－30．

［64］顾建洲．农业的出路在于发展中国特色的家庭农场［J］．学海，1994（4）：14－17．

［65］顾江．规模经济论［M］．北京：中国农业出版社，2001．

［66］郭建宇．农业产业化扶持政策效果分析［J］．经济问题，2009（10）：79－82．

［67］郭庆海．土地适度规模经营尺度：效率抑或收入［J］．农业经济问题，2014（7）：4－10．

［68］郭熙保，冯玲玲．家庭农场规模的决定因素分析：理论与实证［J］．中国农村经济，2015（5）：82－95．

［69］郭熙保．"三化"同步与家庭农场为主体的农业规模化经营［J］．社会学研究，2013（3）：14－19．

［70］郭亚萍，罗勇．对家庭农场中新型雇佣制度的思考［J］．中国人口·资源与环境，2009（1）：37－40．

［71］郭云涛．家庭农场的资本、市场与经济绩效［J］．广西民族大学学报（哲学社会科学版），2009（2）：56－61．

［72］何劲，熊学萍，宋金田．国外家庭农场模式比较与我国发展路径选择［J］．经济纵横，2014（8）：103－106．

［73］何劲，熊学萍．家庭农场绩效评价：制度安排抑或环境相容［J］．改革，2014（4）：100－107．

［74］何秀荣．公司农场：中国农业微观组织的未来选择［J］．中国农村经

济，2009（11）：4－16.

［75］侯银莉．湖南省人口数量及结构的预测研究［D］.中南大学硕士学位论文，2010.

［76］胡书东．家庭农场：经济发展较成熟地区农业的出路［J］.经济研究，1996（5）：65－70.

［77］胡霞．日本农业扩大经营规模的经验与启示［J］.经济理论与经济管理，2009（3）：66－67.

［78］华声新闻网．湖南发布2015～2020年新型城镇化规划（全文）［DB/OL］.2015－10－01.http：//hunan. voc. com. cn/article/201510/2015100108 22117426. html.

［79］黄少安．制度经济学［M］.北京：高等教育出版社，2008.

［80］黄延延．家庭农场优势与农地规模化的路径选择［J］.重庆社会科学，2010（5）：20－23.

［81］黄宗智，彭玉生．三大历史性变迁的交汇与中国小规模农业的前景［J］.中国社会科学，2007（4）：74－88.

［82］黄宗智．中国的隐性农业革命［M］.北京：法律出版社，2010.

［83］纪志耿，黄婧．拥有什么条件才能成为家庭农场主［J］.农村经济，2014（6）：3－7.

［84］贾晓霞，杨乃定．论区域投资环境的双向效应与过程优化［J］.软科学，2004（3）：34－37.

［85］江维国．家庭农场发展中的金融支持体系构建［J］.南方金融，2014（2）：56－58.

［86］焦必方．农村和农业经济学［M］.上海：上海人民出版社，2009.

［87］孔祥智，高强．家庭农场迎来春天［J］.中国农村科技，2013（3）：26－29.

［88］匡远配，罗荷花．"两型农业"综合评价指标体系构建及实证分析［J］.农业技术经济，2010（7）：69－77.

［89］兰勇，周孟亮，易朝晖．我国家庭农场金融支持研究［J］.农业技术经济，2015（6）：48－56.

［90］兰勇．农场主经历对农场发展影响的实证分析［J］.西北农林科技大学学报，2015（4）：92－97.

［91］蓝益江．论美国家庭农场［M］.厦门：厦门大学出版社，1990.

［92］郎秀云．家庭农场：主导中国现代农业的新型市场主体［J］．湖南农业大学学报（社会科学版），2014（6）：1－6.

［93］雷吉·K. N. 农村经济的动员——亚洲的经验，发展经济学的新格局［M］．北京：经济科学出版社，1987.

［94］黎东升，曾令香．进一步发展我国家庭农场的思考［J］．农业经济，2000（7）：38－39.

［95］李道和，陈江华．农民专业合作社绩效分析——基于江西省调研数据［J］．农业技术经济，2014（12）：65－74.

［96］李道和，池泽新．政策支持与农业龙头企业绩效关系研究——以江西省为例［J］．农业技术经济，2011（12）：4－10.

［97］李军．论家庭农场的企业化经营［J］．农场经济管理，2007（5）：18－20.

［98］李强．农民工举家迁移决策的理论分析及检验［J］．中国人口·资源与环境，2014（6）：65－70.

［99］李尚红．美国的家庭农场制度与我国农业生产经营模式的创新［J］．经济纵横，2006（5）：27－28.

［100］李茂能．结构方程模式软体——AMOS 之简介及其在测验编制上之应用［M］．台北：心理出版社，2006.

［101］李星星，曾福生．家庭农场综合评价指标体系设计——以湖南为例［J］．湖南科技大学学报，2015（5）：79－85.

［102］李星星，曾福生．农户发展家庭农场意愿的影响因素分析［J］．南通大学学报，2016（2）：107－113.

［103］李雅莉．农业家庭农场优势的相关理论探讨［J］．农业经济，2011（7）：14－15.

［104］李莹，陶元磊．散户参与家庭农场的稳定性分析——基于随机演化博弈视角［J］．技术经济与管理研究，2015（4）：20－24.

［105］梁丽．我国农村生产经营组织形式的创新［J］．中国特色社会主义研究，2004（1）：33－35.

［106］林雪梅．家庭农场经营的组织困境与制度消解［J］．管理世界，2014（2）：176－177.

［107］林毅夫．制度、技术与中国农业发展［M］．上海：上海人民出版社，2008.

［108］刘凤芹．农业土地规模经营的条件与效果研究：以东北农村为例
［J］．管理世界，2006（9）：45－54.

［109］刘静华，贾仁安，陈华．基于经济学的家庭联产承包责任制发展趋势
分析——基于萍乡农业的实证分析［J］．安徽农业科学，2009（35）：17709－
17713.

［110］刘向华．我国家庭农场发展的困境与农业社会化服务体系建设［J］．
毛泽东邓小平理论研究，2013（10）：31－35.

［111］刘杏，马超群，姚铮．CEO基本特征对企业业绩风险关系的影响——
基于我国中小企业板上市公司的实证研究［J］．经济管理，2014（11）：134－143.

［112］刘雪梅．我国家庭农场人力资源开发的途径探索［J］．农业经济问
题，2013：103－106.

［113］刘治泰，王丽英．关于改革农村家庭承包制的理性思考［J］．中央
财经大学学报，2003（12）：58－61.

［114］楼栋，孔祥智．新型农业经营主体的多维发展形式和现实观照［J］．
改革，2013（2）：65－77.

［115］卢荣善．农业现代化的本质要求：农民从身份到职业的转换［J］．
经济学家，2006（3）：64－71.

［116］吕惠明，朱宇轩．基于量表问卷分析的家庭农场发展模式研究——以
浙江省宁波市为例［J］．农业经济问题，2015（4）：19－26.

［117］栾谨崇．规模化经营下的农业微观组织的演变与选择［J］．理论探
讨，2013（5）：83－86.

［118］罗必良．新制度经济学［M］．太原：山西经济出版社，2005.

［119］马华等．中国式家庭农场的发展［M］．北京：社会科学文献出版
社，2015.

［120］马克思，恩格斯．马克思恩格斯选集（第一卷）［M］．中共中央翻
译局译．北京：人民出版社，1995.

［121］马跃．土地经营规模适度之研究［J］．浙江学刊，1997（4）：
43－46.

［122］毛斐．"血缘""地缘"与"业缘"——浅析城镇化进程中家庭农场对
城乡发展的协调作用及其优化策略［J］．城市发展研究，2014（11）：24－29.

［123］茅锐，徐建炜．人口转型、消费结构差异和产业发展［J］．人口研
究，2014（5）：89－103.

［124］孟莉娟．美国、日本、韩国家庭农场发展经验与启示［J］．世界农业，2015（12）：184－188．

［125］糜万俊．无量纲化对属性权重影响的传导机制及调权研究［J］．统计与决策，2013（4）：11－16．

［126］牛宝德．试论解决三农问题的根本出路［J］．经济评论，2004（6）：47－50．

［127］农业经济译丛编辑部．农业经济译丛［M］．北京：农业出版社，1988．

［128］潘义勇．发展我国效率与规模兼容的家庭农场［J］．开放时代，1997（4）：41－45．

［129］朴晓，叶良均．家庭农场农业社会化服务体系研究［J］．内蒙古农业大学学报（社会科学版），2015（3）：17－21．

［130］钱克明，彭廷军．我国农户粮食生产适度规模的经济学分析［J］．农业经济问题，2014（3）：4－7．

［131］屈学书．我国家庭农场发展的动因分析［J］．农业技术经济，2016（6）．

［132］荣泰生．AMOS 与研究方法［M］．重庆：重庆大学出版社，2009（3）．

［133］上海市农村经济学会．上海市松江区家庭农场的实践与创新［M］．上海：上海社会科学出版社，2014．

［134］苏昌贵．湖南省未来人口预测与发展趋势分析［J］．经济地理，2014（7）：20－27．

［135］苏昕，王可山，张淑敏．我国家庭农场发展及其规模探讨——基于资源禀赋视角［J］．农业经济问题，2014（5）：8－14．

［136］孙捷，张保林．家庭农场关系网络运作过程与机制研究［J］．江西财经大学学报，2014（2）：80－86．

［137］孙正东．现代农业产业化联合体运营效益分析［J］．华东经济管理，2015（5）：108－112．

［138］孙中华．积极引导和扶持家庭农场发展［J］．农村经营管理，2013（9）：6－10．

［139］汤文华．一种新型农业经营主体：家庭农场——基于新制度经济学的分析视角［J］．江西农业大学学报（社会科学版），2013（2）：186－190．

［140］陶自祥．农业经营主体分化：价值取向及其效益分析［J］．南京农业大学学报（社会科学版），2016（4）：110－118.

［141］田桂山．美国家庭农场的形成及其收入比较［J］．世界农业，2013（10）：46－47.

［142］万江红，管珊．无雇佣化的商品化：家庭农场的发展机制分析［J］．中国农业大学学报（社会科学版），2015（4）：110－117.

［143］汪亚雄．南方农业适度规模经营分析［J］．统计与决策，1997（5）：21－23.

［144］王春来．发展家庭农场的三个关键问题探讨［J］．农业经济问题，2014（1）：43－48.

［145］王刚，全广明．试论国营农场的家庭农场规模问题［J］．农业技术经济，1984（4）：13－17.

［146］王建华，李俏．我国家庭农场发育的动力与困境及其可持续发展机制构建［J］．农业现代化研究，2013（5）：552－555.

［147］王农，胡梅，张壬午．发展家庭农场促进农业环境保护创新［J］．可持续发展，2013（5）：25－27.

［148］王铁，寇垠．农业经营组织变迁与要素供给条件优化——对推进家庭农场发展的制度环境分析［J］．学习与实践，2013（8）：14－21.

［149］王勇．家庭农场和农民专业合作社的合作关系问题研究［J］．中国农村观察，2014：39－48.

［150］韦云．指标体系的构建模型［J］．统计与决策，2013（4）：8－11.

［151］魏琪嘉．稳步发展家庭农场推进农业经营组织化建设［J］．宏观经济管理，2013（6）：65－69.

［152］吴明隆．结构方程模型：AMOS 的操作与应用［M］．重庆：重庆大学出版社，2009.

［153］吴明隆．结构方程模型［M］．重庆：重庆大学出版社，2010.

［154］吴婷婷，余波．家庭农场发展的金融支持研究——以江苏省南通市为例［J］．当代经济管理，2014，36（12）：47－51.

［155］伍开群．家庭农场的理论分析［J］．经济纵横，2013（6）：65－69.

［156］伍开群．制度变迁：从家庭承包到家庭农场［J］．当代经济研究，2014（1）：37－44.

［157］肖斌，付小红．关于发展家庭农场的若干思考［J］．当代经济研究，

2013（10）：41 - 47.

　　［158］肖娥芳，祁春节．我国农户家庭农场经营意愿及其影响因素分析［J］．商业研究，2014（11）：106 - 111.

　　［159］肖卫东，杜志雄．家庭农场发展的荷兰样本：经营特征与制度实践［J］．中国农村经济，2015（2）．

　　［160］谢海东．投资经营环境对民营企业绩效的影响：理论与实证［J］．经济经纬，2006（3）：104 - 107.

　　［161］新华网．农业农村部：家庭农场扶持措施包括五方面［DB/OL］．2014 - 02 - 27. http：//news. xinhuanet. com/fortune/2014 - 02/27/c_ 1261993 19. htm.

　　［162］徐涛，赵敏娟，姚柳杨．农业生产经营形式选择：规模、组织与效率——以西北旱区石羊河流域农户为例［J］．农业技术经济，2016（2）：23 - 31.

　　［163］许庆，尹荣梁，章辉．规模经济、规模报酬与农业适度规模经营——基于我国粮食生产的实证研究［J］．经济研究，2011（3）：59 - 71.

　　［164］许莹．简论家庭农场［J］．湖南科技大学学报（社会科学版），2006（10）：85 - 87.

　　［165］薛亮，杨永坤．家庭农场发展实践及对策探讨［J］．农业经济问题，2015（2）：4 - 8.

　　［166］严谷军．社区银行与小型家庭农场金融支持——基于美国经验的分析［J］．农村经济，2008（1）：123 - 125.

　　［167］杨建利，周茂同．我国发展家庭农场的障碍及对策［J］．经济纵横，2014（2）：49 - 53.

　　［168］杨倩倩．河西走廊中部山丹县农地规模经营意愿及其影响因素研究［J］．干旱区地理，2012（6）：1005 - 1010.

　　［169］杨学儒，李新春．地缘近似性、先前经验与农业创业企业成长［J］．学术研究，2013（7）：64 - 69.

　　［170］叶静怡．发展经济学［M］．北京：北京大学出版社，2007.

　　［171］叶柯霖，王云飞，高源．安徽省郎溪县家庭农场调研报告［M］．北京：社会科学文献出版社，2014.

　　［172］袁吕岱，操家齐．政府与市场双轮驱动下的家庭农场发展路径选择——基于上海松江、浙江宁波的调查数据分析［J］．上海经济研究，2016（3）：120 - 129.

［173］袁赛男．家庭农场：我国农业现代化进路选择——基于家庭农场与传统小农户、雇工制农场的比较［J］．长白学刊，2013（4）：92 - 97.

［174］岳正华，杨建利．我国发展家庭农场的现状和问题及政策建议［J］．农业现代化研究，2013（4）：420 - 424.

［175］曾福生．农业适度规模经营与中国农业发展［M］．长沙：湖南出版社，1996.

［176］曾福生．中国现代农业经营模式及其创新的探讨［J］．农业经济问题，2011（10）：4 - 10.

［177］曾冠琦，孙养学．农户对"家庭农场"的持续参与意愿及其影响因素的机理研究［J］．广东农业科学，2014（19）：222 - 225.

［178］张红宇，褚燕庆，王斯烈．如何发挥工商资本引领现代农业的示范作用［J］．农业经济问题，2014（11）：4 - 9.

［179］张建雷．社会生成与国家介入：家庭农场产生机制研究［J］．地方财政研究，2014（10）：16 - 27.

［180］张乐柱，金剑峰，胡浩民．"公司＋家庭农场"的现代农业生产经营模式：基于温氏集团案例研究［J］．学术研究，2012（10）：94 - 97.

［181］张士云．美国和日本农业规模化经营进程分析及启示［J］．农业经济问题，2014（1）：101 - 109.

［182］张伟豪．SEM 论文写作不求人［M］．台北：三星统计服务有限公司，2014.

［183］张文雄．以家庭农场为依托推进农业现代化［J］．宏观经济管理，2013（7）：44 - 45.

［184］张绪科．规模家庭农场的发展优势［J］．现代农业科技，2013（9）：321.

［185］张滢．"家庭农场＋合作社"的农业产业化经营新模式：制度特性、生发机制和效益分析［J］．农村经济，2015（6）：3 - 7.

［186］张颖，任大鹏．论农民专业合作社的规范化［J］．农业经济问题，2010（4）：41 - 45.

［187］赵冈，陈钟毅．中国土地制度史［M］．北京：新星出版社，2006.

［188］赵冈．重新评价中国历史上的小农经济［J］．中国经济史研究，1994（3）：136 - 139.

［189］赵佳，姜长云．兼业小农抑或家庭农场［J］．农业经济问题，2015

（3）：11 - 18.

［190］赵鲲，赵海，杨凯波．上海市松江区发展家庭农场的实践与启示
［J］．农业经济问题，2015（2）：9 - 13.

［191］赵伟峰，王海涛，刘菊．我国家庭农场发展的困境及解决对策［J］．
经济纵横，2015（4）：37 - 41.

［192］钟甫宁．农业经济学［M］．北京：中国农业出版社，2011.

［193］周娟，姜权权．家庭农场的土地流转特征及其优势——基于湖北黄陂
某村的个案研究［J］．华中科技大学学报（社会科学版），2015（2）：132 - 140.

［194］朱红根，解春艳．农民工返乡创业企业绩效的影响因素分析［J］．
中国农村经济，2012（4）：36 - 45.

［195］朱建军，舒帮荣．农地经营权配置对农户收入影响的实证分析［J］．
南京农业大学学报（社会科学版），2012（4）：77 - 82.

［196］朱启臻．论家庭农场：优势、条件与规模［J］．农业经济问题，
2014（7）：11 - 17.

［197］朱启臻．新型职业农民与家庭农场［J］．中国农业大学学报（社会
科学版），2013（2）：157 - 159.

［198］朱晓强，金晓斌，周彬．苏南地区农业生产模式创新与运作风险分析
［J］．地域研究与开发，2006（3）：104 - 108.

［199］朱学新．法国家庭农场的发展经验及其对我国的启示［J］．农村经
济，2013（11）：122 - 126.

后　记

　　本书是在我的博士学位论文的基础上修改而成，也是我从事农业经济理论与政策、农业经营组织研究的阶段性成果。在本书即将付梓之际，我禁不住内心的喜悦，更觉学海无涯、学无止境，由此平添我对求知路上授业恩师的不尽感激之情，衷心感谢我的导师曾福生教授，本书从选题、调研安排、数据收集、反复修改及最后定稿，自始至终都倾注着他的心血，他严谨的治学态度、求实的科研精神，以及宽厚仁慈的胸怀、积极乐观的生活态度，为我树立了一辈子学习的范例，他的教导与鞭策将勉励我在科研之路上务实求真。

　　同时，我要特别感谢经济学院的李明贤教授、匡远配教授、刘辉教授、罗光强教授、刘纯阳教授、龙方教授、李立清教授、黎红梅教授、周孟亮教授等授业老师，各位老师的谆谆教导，使我学习与掌握了相关的专业理论知识，也正是因为得到了你们精心的指导与宝贵的意见，我的博士毕业论文能够不断地完善以至顺利完成。我还要感谢我的同学郭珍博士、邱淑博士、宾慕容博士、曾雄旺博士、邵华博士、郭兴堃博士、李飞博士等，古人云："三人行，必有我师焉。"很幸运与你们同窗学习，从你们的身上，我学到了很多知识。另外，还要感谢唐浩副教授、古川教授、孙良顺博士、罗荷花博士、夏玉莲博士、戴鹏博士、樊英博士，正是你们无私的帮助，让我少走了很多弯路。

　　最后，我要感谢我的家人，是你们的支持与理解，让我能够毫无顾虑地学习和集中全部精力进行写作。我来自农村，是农民的儿子，"右手秉遗穗，左臂悬敝筐"辛劳的深切感受，让我无论何时何地都不会忘记农民的困苦。本书仅是我研究"三农"问题的开头，行行重行行，我将在"三农"问题研究的道路上坚定地走下去。

　　谨以此书献给所有帮助、关心我的领导、同事、同学和朋友们！

李星星

2020 年 5 月